中国教育学会2019年度教育科研规划课题《青少年茶文化美育课程资源开发与利用研究》成果

北京市东城区青少年教育学院"学院制课程"成果

北京市东城区青少年"文化·传承2030"工程成果

北京市校外教育"三个一"精品项目《小茶人俱乐部》成果

霍艳平　刘　佳◎主编

陕西师范大学出版总社

茶育课程设计

CHA YU KE CHENG SHE JI

图书代号　JY23N0692

图书在版编目（CIP）数据

茶育课程设计 / 霍艳平 , 刘佳主编 . —西安 : 陕西师范大学出版总社有限公司 , 2023.8

ISBN 978-7-5695-3516-7

Ⅰ . ①茶… 　Ⅱ . ①霍… ②刘… 　Ⅲ . ①茶文化—中国—课程设计—中小学 　Ⅳ . ① G633.252

中国国家版本馆 CIP 数据核字（2023）第 013264 号

茶育课程设计

CHA YU KECHENG SHEJI

霍艳平 刘佳 主编

出 版 人 / 刘东风

出版统筹 / 侯海英　曹联养

责任编辑 / 付玉肖

责任校对 / 王　森

装帧设计 / 飞铁广告

出版发行 / 陕西师范大学出版总社

　　　　　（西安市长安南路 199 号　邮编 710062）

网　　址 / http://www.snupg.com

电　　话 / （029）85307864

印　　刷 / 陕西隆昌印刷有限公司

开　　本 / 787 mm × 1092 mm　1/16

印　　张 / 10.75

字　　数 / 185 千

版　　次 / 2023 年 8 月第 1 版

印　　次 / 2023 年 8 月第 1 次印刷

书　　号 / ISBN 978-7-5695-3516-7

定　　价 / 48.00 元

小窗口，大视野

　　霍艳平老师的团队在茶文化教育领域深耕20余年。从"小茶人俱乐部"的创办到"茶文化课程"的研发，我们不仅看到了一个团队的成长，更看到了未成年人在茶文化学习过程中的成长。中国有"借物言志"的文化传统，依托日常生活中的茶叶、茶饮、茶艺、茶道和茶礼参天化育，茶文化课程把天地人、家国情怀、生活仪礼和饮食起居链接在一起。诚如习近平总书记所述："中国是茶的故乡，茶叶深深融入中国人生活，成为传承中华文化的重要载体。"茶文化课程的研发之于青少年成长，之于高质量教育体系建设有三个方面的意义。

　　一是体验中华文化魅力。教育是培养人的社会实践活动，也是能够导致学习的交流活动、文化体验活动。茶文化课程的研发很好地诠释了作者对教育与文化关系的理解。与学科课程和活动课程不同的是，茶文化课程的研发和实施过程不仅是一个微缩生活景观，也是蕴含着宏大的历史叙事。在茶话叙事中追忆历史，在茶艺茶道中展示生活，在品茶鉴茗中陶冶情操，在举杯敬茶中交流分享，茶文化课程是师生共同建构的文化生活。课程设计突出传统文化特色、注重礼仪教育，注重德行养成，以外塑形象、内养心灵为培养目标，在讲解中华茶文化丰富的内涵和精神特质的过程中，茶文化课程也塑造了有中华文化底蕴的青少年。

　　二是促进五育深度融合。教育的根本问题是要解决培养什么人，为谁培养人和怎样培养人的问题，五育融合就是要解决怎样培养人的问题。作者通过三类茶文化课程，即基础课程、实践课程和主题课程的设计，推动德智体美劳五育的深度融合。习近平总书记在二十大报告中指出："加强和改进未成年人思想道德建设，推动明大德、守公德、严私德，提高人民道德水准和文明素养。"茶文化课程以中国茶德为精神引领，以"廉、美、和、敬"的茶德精神，对学生进行人生观和世界观教育，如以"红色茶席"活动开展革命传统教育，以"母爱如茶"活动对学生进行家庭美德教育；茶文化课程以茶启智，通过丰富的茶学知识学习转知成智，培养学生的心智品质；茶文化课程以茶养身，强调药食同源，倡导健康饮食，引导学生保持身心健康；茶文化课程通过茶艺、茶道的学习，营造美育文化氛围，通过茶之美带给学生美的感受、美的行为，提升学生审美能力、创美能力；茶文化课程还通过茶艺、茶具的展示学习，培养学生对劳动者的尊重意识，形成劳动意识，掌握相应的劳动技能，学会分享劳动成果。

三是推动协同育人工作。健全学校、家庭、社会协同育人机制是建设高质量教育体系的重要保障，也是推进中国式教育现代化建设的重要体现。茶文化课程是校外教育机构（如少年宫）协同学校、家庭和社会教育资源单位（如茶叶生产基地、茶馆、茶叶协会等机构）开发的系统化课程体系。茶文化课程的研发和实施体现了校外教育机构、学校、家庭和社会围绕共同的教育目标，明确对青少年教育的共同责任，相互配合、整合资源、平等合作，发挥各自的优势，创设有利于青少年健康成长的教育生态环境，实现教育目标、过程与结果的统一，茶文化课程是整体推进协同育人工作的重要探索。茶文化课程在讲好协同育人中国故事的同时，也与大家分享了协同育人工作的中国方案。我们期望有更多的老师和同学能够在茶文化课程的学习中感受文化的魅力，快乐生活，健康成长。

康丽颖

（康丽颖，首都师范大学学前教育学院院长，教授，博士生导师，中国家庭教育学会常务理事、教育部基础教育家庭教育教指委委员、北京市家庭教育研究会副会长）

谱写青少年茶文化教育的新篇章

茶是中国的文化符号，也是中国历史文化中的璀璨瑰宝。茶海荡漾、山水交融的茶乡，凝聚着东方的智慧，支撑着中华民族生生不息，中华文化薪火相传。在茶事教育活动中，人们感知茶与生活的美好，畅想茶的美好未来。

茶深深融入了中国人的生活，茶还蕴含着精行俭德、廉美和敬等思想品格。弘扬中华茶文化对于国人来讲任重道远。目前，随着茶产业的发展与茶企业的递增，茶事活动兴起，茶文化教育崛起。近日，我收到了这份《茶育课程设计》的书稿，这是之前作为浙江大学参训学员的教师的学习成果。我通过书稿内容看到了老师们通过多年的育人实践总结出的教学成果，很是欣慰。

作为重要的教育载体，中国茶文化充满活力且富有特色，包含了多样化的内涵以及丰富的表现形式，蕴含着极具价值的教育资源。2022年11月29日，我国申报的"中国传统制茶技艺及其相关习俗"申遗成功。"'中国传统制茶技艺及其相关习俗'列入联合国教科文组织人类非物质文化遗产代表作名录，对于弘扬中国茶文化很有意义"，习近平总书记强调，要扎实做好非物质文化遗产的系统性保护，更好满足人民日益增长的精神文化需求，推进文化自信自强；要推动中华优秀传统文化创造性转化、创新性发展，不断增强中华民族凝聚力和中华文化影响力，深化文明交流互鉴，讲好中华优秀传统文化故事，推动中华文化更好走向世界。

霍艳平老师是《茶育课程设计》的主编，她带着团队坚持中、小、幼学生茶课程教育二十余载，培养青少年们对茶传统文化的兴趣和认知，积累了丰富的教学经验，是茶文化基础教育的先锋，这份敬业和坚持让人肃然起敬。中国茶文化对青少年教育而言，有着潜移默化的影响和引导作用，不仅能丰富青少年对茶文化的审美体验，激发青少年对茶文化的探索兴趣，同时对于提升青少年民族文化情感认同，培养高尚的情操和文化素养也有着积极的作用。本书对青少年茶育课程的内容、资源和模式进行了有益探索，收集了大量一线教学的课程、活动案例，并通过认真地整理、分析、研究案例，梳理了青少年开展茶育课程的结构体系，总结了茶育活动开展的途径规律，将以茶文化为基础的人文、科学教育展现在师生们面前，令人耳目一新。

希望更多的教师积极投身于青少年茶文化教育，创新教育形式，发掘优秀教育资源，谱写青少年茶文化教育的新篇章。

王岳飞

（王岳飞，教授、博士生导师，中国国际茶文化研究会副会长，中国茶叶学会副理事长，浙江大学茶学学科带头人，浙江大学茶叶研究所所长）

目　录

第一章

青少年茶文化课程概论

中华优秀传统文化是中华民族的宝贵财富，为中华民族的形成和发展提供了强大的精神力量。党的十八大以来，习近平总书记关于中华优秀传统文化的一系列重要讲话，把对中华优秀传统文化的认识推向一个新的历史阶段。为贯彻落实习近平总书记的讲话精神，教育部研究制定了《完善中华优秀传统文化教育指导纲要》，对加强青少年学生的中华优秀传统文化教育进行了整体规划、分层设计，明确了系统推进中华优秀传统文化教育的要求和实施步骤，并提出了加强中华优秀传统文化教育面临的挑战：对中华优秀传统文化教育重要性的认识有待进一步提高，教育内容的系统性、整体性还明显不足，重知识讲授、轻精神内涵阐释的现象还比较普遍，课程和教材体系有待完善，教师队伍整体素质有待提升，全社会共同参与的教育合力有待加强等。为此，我们以茶文化这个中华优秀传统文化的重要组成部分为载体，在教育实践中进行研究，希望有效解决这些问题，进一步完善中华优秀传统文化教育。

对于青少年的教育，特别是以培养学生核心素养为目标的传统文化教育被我国越来越多的学校、机构、个人重视，以茶文化为代表的传统文化教育已经有了一些有益的尝试。研究认为，在青少年中进行传统文化教育有着重大的意义。从国家、民族的大局来看，在中小学进行传统文化教育，是国家立于不败之地的重要途径；坚持中华民族的优秀文化传统，弘扬中华民族特有的民族精神，是在全球化过程中保持民族传统和民族个性，维护国家和民族的团结统一，使之立于不败之地的关键。从茶文化本身带有的优秀传统美德来看，进行青少年传统茶文化教育，是继承和弘扬我国传统文化的必然要求；从青少年自身成长和发展来看，在青少年中进行传统文化教育具有必要性，这不仅有利于提高青少年的综合素质、文化修养，还有利于提升青少年的民族自豪感，强化其爱国情怀，这对传承中华民族的文化有着更为深远的意义。

课程是学生学习的重要载体，更是开展传统文化教育的重要载体。现代教育理论认为，课程不再只是学科的总和，而是学科、儿童、生活、社会的有机整合。学生的生活及其个人知识、直接经验都是课程开发的基础和依据。课程资源由课堂延伸到课外，由学校延伸到社区和所在地区，学生所处的自然环境和社会环境也都是学习探究的对象，随时学习的课堂。在我国，随着新课程改革的深化，"课程资源"的概念不断被提出，而教师和教育工作者对课程资源的认识和把握都十分有限，缺乏实践经验，对课程资源的开发与利用还处于摸索探究的阶段。茶文化课程及课程资源的开发，正是基于上述理念对新课程内容、资源和模式进行的有益探索。

第一节　青少年茶文化课程的理念与目标

一、青少年茶文化课程理念

北京市东城区青少年茶文化课程设计，以杜威提出的"教育即生活""教育即生长"、教育即为"经验改造"，以及陈鹤琴提出的"活教育"为理念基础，提出"生命、生活、生态"的课程理念。

"生命"指尊重学生生命，以学生为中心，设计符合学生身心发展特点的课程，注重学生参与及学生的真实感受。

"生活"指贴近学生生活，以学生的实际生活内容为教育内容，服务生活所需，提升生活品质，以生活中的问题引导学生学习，以生活中的实践检验教育效果。

"生态"为营造教育生态，即联动社会各界力量共同参与教育，让学生在家庭、学校、社会共同参与下得到全面发展。良好的教育生态将融合广泛的教育资源服务学生发展，为学生成长拓展广阔空间。同时，这一空间也是学生未来生活的真实社会。通过学生与整个社会的互动，使学生逐渐成为未来社会的主人。

我们以上述课程理念指导茶文化课程的设计与实施，在课程资源研发、实践、推广过程中从学生出发，从思想引导、全面育人、教材多元、学段全面等各方面入手，注重教材、学材开发，注重师资队伍培养，注重教研科研结合，积极将社会资源转化为教育资源，服务学生发展，建设立体多元的课程体系，促进青少年在人文底蕴、健康生活、社会参与等方面的发展，促进中华优秀传统文化在青少年中的传承。

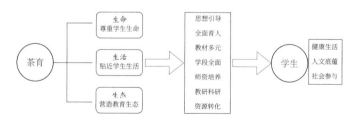

图 1-1　北京市东城区青少年茶文化课程设计理念示意图

二、青少年茶文化课程目标

青少年茶文化课程的目标为：结合中国学生发展核心素养，突出"五育"并举，以茶养德、以茶明礼、以茶启智、以茶践行；突出传统文化特色、突出综合素质培养，注重礼仪教育，注重德行养成；以外塑形象、内养心灵为培养目标，塑造有中华文化底蕴的青少年。

"茶之育德"，即以中国茶德为精神引领，以"廉、美、和、敬"的茶德精神涵养学生。

"茶之育智"，即以茶启智，通过丰富的茶学知识和文化提升学生的智力水平，提升思维能力。

"茶之育体"，即以茶养身，茶不仅促进学生身体健康，还能以茶养心，滋养美好心灵。

"茶之育美"，即茶之美带给学生美的感受、美的行为，提升学生审美能力、创美能力。

"茶之育劳"，即通过茶艺教给学生劳动技能，提升学生劳动意识、分享劳动成果。

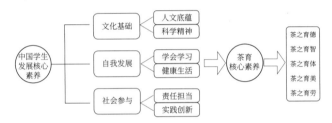

图 1-2 北京市东城区青少年茶文化课程目标示意图

第二节 青少年茶文化课程纲要

一、幼儿园茶文化课程纲要

（一）幼儿茶文化课程主题

茶育·四季茶宝乐园。

（二）幼儿园茶文化课程开发的目的和依据

1.幼儿园茶文化课程开发的目的

我国茶文化历史悠久，距今已经有近五千年的历史。在漫长的历史长河中，中国茶文化与众多领域进行了融合碰撞，形成了一套属于自己的独特的知识文化体系，有着极高的艺术价值、文化价值，蕴含着丰富的教育内容。基于此，我们认为开发茶文化教材有如下目的：

其一，通过《茶育·四季茶宝乐园》游戏化课程，使中华优秀传统文化走进幼儿园。

其二，通过《茶育·四季茶宝乐园》游戏化课程，形成一套属于幼儿园的独特的知识文化体系。

其三，通过《茶育·四季茶宝乐园》游戏化课程，探索幼儿园开展中华优秀传统茶文化的教学实践。

其四，通过幼儿的主动参与，以幼儿为主体，引导其通过直接感知、亲身体验、实际操作来获取知识和经验，促进幼儿身心健康、和谐发展。

2. 茶文化课程开发的依据

（1）茶文化课程的教育作用

中国是茶的故乡，是茶的原产地，是世界上最早发现和利用茶叶的国家，也是茶树资源最为丰富的国家。中国传统茶文化是重要的幼儿园教育资源，将茶文化教育作为幼儿园教育的内容，是中华优秀传统文化走进校园的有效途径。通过科学设计茶文化知识的传承以及综合的艺术表现形式，让幼儿通过直接感知、实际操作、亲身体验，积累生活经验，培养健康情感，在潜移默化中感受中国传统茶文化的精华和魅力，这有利于从小培养幼儿的文化自信，培养德、智、体、美、劳全面发展的社会主义建设者和接班人，更有利于中国传统茶文化的传承与发展，弘扬中华优秀传统文化。

（2）现代茶文化课程的需求

近年来，茶文化教育被越来越多的学校、机构、个人重视，但目前阶段，就幼儿园茶文化教育来说，素材及可利用资料尚需丰富完善，同时实践活动还需深入挖掘，幼儿园茶文化教育有较大空间值得进行开发和研究。

（三）幼儿园茶文化课程目标

1. 总体目标

通过《茶育·四季茶宝乐园》课程，加深幼儿对中国传统茶文化的了解，使幼儿在学习的过程中接受传统文化的熏陶，培养动手能力，增强灵巧性，提高记忆力，学会感恩、合作，养成爱劳动、勤思考的好习惯；激发幼儿热爱中华优秀传统文化的意识，促使幼儿掌握茶的基本知识和茶艺基本技能，从而弘扬和发展中国传统茶文化。

2.具体目标

（1）知识目标。通过游戏活动，幼儿了解茶的起源、种类，知道名茶的名称，了解茶的营养与功效，学会日常茶具的使用方法；结合中国传统节日，学习中华优秀传统文化，了解饮茶礼仪。

（2）技能目标。在体验式游戏活动中，幼儿掌握科学的冲泡方法和简单的茶美食制作方法，感受中国茶文化的美感。

（3）情感态度价值观。幼儿喜欢参加茶文化活动，初步感知中国传统茶文化之美，产生探索茶文化的兴趣，萌生民族自豪感。

（4）综合能力。幼儿通过学习茶文化知识，初步懂得以茶会友、以茶联谊、以茶示礼的高尚生活品德。通过游戏活动发展幼儿的创造力、提升幼儿的协作能力。

（四）幼儿园茶文化课程活动实施的原则和方法

茶文化课程的实施，充分尊重和满足幼儿的个体差异和心理年龄特点，循序渐进、由浅入深地逐步推进。课程以中国传统茶文化走进幼儿园、促进幼儿全面发展为目标，坚持一日生活皆课程的教育理念，突出以幼儿为主体，以游戏为基本活动，以趣味性和游戏化课程为主干、以实际操作为依托，以美育为导向的原则。

1.教育性原则

茶文化是中华优秀传统文化代表之一，历史悠久，融合了多种传统文化，是东方哲学和智慧的集中体现。茶文化课程要立德树人，从行为习惯到品德养成等多方面为幼儿终身发展奠基。

2.趣味性原则

在开展茶文化课程时，教师要把幼儿的兴趣和需要结合起来，采用情景导入、实物呈现等，调动幼儿的好奇心，使其主动投入茶文化主题活动，享受其中的乐趣。

3.实践性原则

课程重视实践性原则，让幼儿在积极参与茶艺实践的过程中，发展和培养他们的艺术能力和对中华优秀传统文化的兴趣。

4. 综合性原则

茶艺活动是以茶为载体，以语言、动作作为表现形式，以达到陶冶情操、完善自我为目的而形成的一种融合了礼仪和社交的艺术。设置幼儿园茶艺主题活动课程，开展相应的主题活动，对幼儿的德育、美育、动手操作等能力的提升都很有帮助。

教学中可以采用的方法主要有：游戏化教学、讲授式教学、体验式教学、集体创作式教学、展示性教学、讨论式教学。

（五）幼儿园茶文化活动课程评价

1. 评价原则

（1）导向性原则。以核心素养为导向，关注幼儿发展情况，结合幼儿教育活动内容，通过评价积极引导幼儿综合素养的形成。

（2）发展性原则。发挥评价的反馈改进功能，促使幼儿认真参与学习与实践，改进教师教学安排，鼓励幼儿不断改进提高。

（3）系统性原则。应整体、系统地进行评价，并贯穿课程始终；发挥教师、家长和幼儿等多元主体的评价作用；依据幼儿年龄特征和学习特点，制定循序渐进的评价目标；注重过程性评价与结果性评价相结合。

2. 评价方式

（1）过程性评价。根据幼儿年龄特点和教育活动内容设计过程性评价内容，以量规表格的形式、师生互动交流的形式对幼儿进行过程性评价。

（2）结果性评价。课程结束进行结果性评价，关注幼儿的真实获得。评价内容可根据教育目标、教学内容进行设计。

（3）课程评价方式量表。如下：

体验项目	体验目标	体验能力			评价结果
		有浓厚兴趣	比较有兴趣	有兴趣	
学习态度与习惯	对课程有浓厚的兴趣，求知欲强，乐于思考，勇于创新				
情感体验	有饱满的热情，获得有价值的情感体验				

体验项目	体验目标	体验能力			评价结果
		有浓厚兴趣	比较有兴趣	有兴趣	
合作体验	能够主动与他人合作，有和谐的氛围				
知识掌握	能够掌握所学知识				
实践操作	操作过程流畅、自然、具有美感				
家园共育情况	能够主动完成，有家长反馈意见				

3. 评价内容

（1）知识方面。①丰富幼儿认知，幼儿对中国茶有初步了解；②幼儿知道茶的故乡在中国，中国有丰富的名茶。

（2）能力方面。①幼儿能够识别中国名茶，说出名字；②幼儿能够正确使用茶具品茶；③幼儿初步学会和小朋友一起合作，能够相互帮助。

（3）思想情感方面。①幼儿喜欢茶文化，萌发对中国文化的自信，更加热爱祖国；②幼儿能够和同伴合作学习，关心他人，热爱集体。

二、小学茶文化课程纲要

（一）小学茶文化课程主题

茶育·茶香生活。

（二）小学茶文化课程开发的目的

我国茶文化历史悠久，距今已经有近五千年的历史。在漫长的历史长河中，中国茶文化与众多领域进行了融合碰撞，形成了一套属于自己的独特的知识文化体系，有着极高的艺术价值、文化价值，蕴含着丰富的教育内容。结合小学生年龄特点，开发小学茶文化课程有如下目的：

1. 通过"茶香生活"活动课程，丰富学生知识面，开阔眼界。

2. 通过茶艺表演环节，提高学生实践操作能力，协调能力，参与能力，以及感受美、体验美、创造美的能力，培养学生的合作精神。

3.通过考察活动，增长学生见识，建立同学之间、学校、家庭、社会的和谐关系，为学生构建起互通的桥梁，创设更为广泛的学习、实践空间。

4.通过探究式学习的方式，培养学生的学习习惯，教会一种学习方法，提高学生自主探究、自主学习的能力。

5.通过"茶香生活"活动课程，满足学生可持续发展的需求，培养适应社会的人才。

6.通过"茶香生活"活动课程，丰富校园文化、家庭文化、社会文化，形成学校特有的文化氛围。

（三）茶文化课程开发的依据

1.源于茶文化特殊的教育作用

茶文化教育是学校德育、美育教育的重要载体，它使得校园德育、美育教育有了新的教育内容。

茶文化是社会生活的一部分，丰富的茶事活动，林立的茶店、茶馆，是茶文化活动的阵地和展示的舞台。

茶文化教育将延伸到家庭教育。茶文化教育不仅是指导学生个人，而且是指导学生家庭艺术生活和综合素质提高的重要途径。因此，通过茶文化教育引导和培养学生及其家庭了解茶文化，是提高全民素质的一个途径。

2.源于茶文化丰富的教育内容

中国是茶的故乡，是世界上最早发现和利用茶叶的国家，也是茶树资源最为丰富的国家。在漫长的历史岁月中，茶叶经历了药用、食用直至成为人们喜爱的饮料的发展过程，中华民族在茶的培育、制作、品饮、应用方面都为人类文明史留下了绚丽光辉的一页。茶不仅能满足人体的生理与健康需要，还是人们进行社交礼仪的一种方式，可以陶冶人们的情操和身心。丰富的茶学知识和冲泡技艺能够培养学生的科学精神和实践能力；优雅的茶艺表演和众多的茶文化艺术作品能够培养学生的艺术修养和文化底蕴。茶文化以其操作实践的趣味性、知识理论的科学性和多姿多彩的艺术性成为学生教育的丰富资源。茶德精神所提倡的"廉、美、和、敬"更是教育活动中取之不尽的精神财富。

3.开发小学茶文化课程是现代教育的需要

现代教育强调的是综合素质的培养，不仅要求培养出知识上的复合型人才，更注重良好道德品质、心理素质，良好的行为规范和社交礼仪的培养，重视实践能力和创新精神，这些都包含在茶文化教育、活动中，茶所特有的社会交往功能符合现代教育的需要。

茶文化来源于人民生活，通过教育活动还将影响乃至提高人民生活，因此开展茶文化活动将更好地发挥现代教育的作用。

（四）茶文化课程目标

1. 总体目标

学生通过"茶香生活"课程，学习中国优秀传统茶文化，掌握茶的基本知识和茶艺基本技能。以五育融合的学习内容，提升学生健康生活能力，丰富学生文化底蕴，增强学生团结合作的意识和能力，增强学生服务社会的意识和能力，激发学生热爱祖国传统文化的热情，树立学生的文化自信。

2. 具体目标

（1）知识目标。学生了解茶的历史知识和文化，能够进行茶的分类，了解茶的加工方法；对中国节日茶俗和各民族茶艺有了解。

（2）技能目标。学生掌握茶的冲泡技艺及饮茶礼仪，能够在生活中为他人泡茶、敬茶。学生能够进行茶文化创意制作，并将作品应用在日常生活中。

（3）情感态度价值观。学生通过茶文化学习，领悟茶文化的美感、韵律感，喜欢参加茶文化活动，初步感知中国传统茶文化的魅力，更加热爱生活，热爱中华文化，树立文化自信。

（4）综合能力。"茶香生活"课程以茶（知识、技能）为主线，综合了地理、历史、传统美德、现代礼仪、茶文化英语、社会交际等多种学科和领域，并注重教学中学生的体验和创造。因此，"茶香生活"课程的开发与学习的过程，也是学生综合能力的培养、训练与提高的过程。

（五）小学茶文化课程实施的原则与方法

茶文化课程的实施，充分尊重和满足学生的个性差异，以提高学生审美修养、品德情操和综合实践能力为目标，坚持以兴趣为源泉、以知识为主干、以实践为依托、以美育为导向的原则。

1. 教育性原则

茶具有丰富的知识内涵、文化底蕴，从它的发展历史来看，茶具是人类文明史、文化史多元化的结合。在陶冶学生情操、丰富学生视野、提高学生审美情趣上，茶具都有相当高的价值。

2. 趣味性原则

茶文化课程的开发，从其内容上、形式上、教学方式上都应注重学生的特点，强调课程的丰富性，从而激发学生的学习欲望，让学生真正学进去、爱进去。

3. 实践性原则

茶艺表演是课程重要的组成部分，重视实践性原则，力求在茶艺实践过程中，让学生体验美、领悟美，感悟"廉、敬、和、美"的精神境界。

4. 综合性原则

在现代生活中，茶文化已发展成多元文化。茶文化课程在设置中结合了德育、美育、实践、英语、交际、地理、历史等多种学科。它是社会文化、人文文化、学科文化的综合，延伸范围相当广泛。

5. 系统化原则

在课程开发中注重将多元知识汇总，形成体系，以便学生层层学习、层层深入。

在教学中可以采用的方法主要有：讲授式教学、实践式教学、集体合作式教学、展示性教学、讨论式教学、探究式教学。

（六）小学茶文化课程评价

1. 评价原则

（1）导向性原则。以核心素养为导向，关注学生发展情况，结合学生教育活动内容，通过评价积极引导学生人文底蕴、科学态度、社会责任和创新精神等素养的形成。

（2）发展性原则。发挥评价的反馈改进功能，促进学生认真参与学习与实践，改进教师教学安排。教师关注学生学习过程中的动态发展，积极鼓励学生，正确对待学生在教育教学过程中出现的问题，鼓励学生不断改进提高。

（3）系统性原则。应整体、系统地进行评价，并贯穿学习始终；发挥教师、家长和学生等多元主体评价作用，依据学生年龄特征和学习特点，制定循序渐进的评价目标；注重过程性评价与结果性评价相结合。

2. 评价方式

（1）过程性评价。以小组、个人为单位，设计过程性评价内容。以量规表格的形式、师生互动交流的形式对学生每课时活动进行过程性评价。

（2）结果性评价。课程结束进行结果性评价。关注学生真实获得，评价内容可根据教育目标、教学内容进行设计。

（3）课程评价方式量表。如下：

评价内容	上课表现	活动参与	自我评价	作业	反馈
分值	10	20	10	30	30
评价参与者	教师	教师	学生	教师	家长

3. 评价内容

（1）知识方面。①兼顾科学性、趣味性、系统性，使学生能自觉、努力地学习茶学知识，了解这些知识在生产、生活中的应用；②初步获得茶文化发展的基础知识，树立文化自信。

（2）能力方面。①能够识别中国名茶，进行茶叶分类；②能够正确使用茶具进行科学冲泡；③初步学会科学探究的一般方法，能够运用所学知识、技能分析和解决一些身边的茶科学问题；④初步具有进一步获取课堂以外的茶知识的能力。

（3）思想情感方面。①热爱茶文化，树立文化自信，增强爱国主义情感；②能够和同伴合作学习，关心他人，热爱集体。

4. 建立考核制度。

建议学校每学期期末进行一次集体考核，记录考核结果，颁发学习证书。学校可参考中国茶叶流通协会发布的《全国青少年茶文化教育等级评定规范》，制定考核内容，颁发考核证书。

三、中学茶文化课程纲要

（一）中学茶文化课程主题

茶育·跟着茶香走世界

（二）背景分析

1. 弘扬中华优秀传统文化，培养学生文化自信的需要在全球化时代背景下，文化软实力日益成为综合国力的重要组成部分，而中华民族五千多年的悠久文明和灿烂文化正是我国文化软实力的集中体现。当前，加强中华优秀传统文化教育，对于引导青少年学生坚定走中国特色社会主义道路、实现中华民族伟大复兴中国梦的理想信念，具有重大而深远的历史意义。这是教育系统持续推进社会主义核心价值体系建设的重要和关键环节。

20世纪90年代以来，党中央、国务院高度重视中华传统文化教育。1995年施行的《中华人民共和国教育法》、1999年颁布的《中共中央、国务院关于深化教育改革全面推进素质教育的决定》，都对此提出明确要求。进入21世纪，特别是党的十八大以来，以习近平同志为核心的党中央更加强调中华优秀传统文化创造性转化和创新性发展。为此，教育部2014年制定《完善中华优秀传统文化教育指导纲要》，2021年印发《中华优秀传统文化进中小学课程教材指南》，不断推动中华优秀传统文化教育，取得富有成效的工作。

2. 贴近学生实际生活，研发传统文化教育载体的需要

传统文化教育通常是学习经典书籍，这跟学生生活距离较远。怎样发掘传统文化中的丰富资源，选择传统文化教育的合适载体，是需要解决的首要问题。中国是茶的故乡，茶叶深深融入中国人生活，茶文化是传承中华文化的重要载体。饮茶活动过程中形成的茶文化，蕴含着丰富的思想文化、传统美德，也有着《茶经》、制茶、饮茶礼仪、茶画、茶艺等多样的载体形式。茶文化是面向青少年进行传统文化教育的适宜载体。研发茶文化课程，开发适合的课程内容，是解决传统文化教育缺少载体这一问题，更加走近青少年生活的有效途径。

3. 丰富综合实践活动课程资源，提升课程质量的需要

综合实践活动是从学生的真实生活和发展需要出发，在生活情境中发现问题，将其转化为活动主题，通过探究、服务、制作、体验等方式，培养学生综合素质的跨学科实践性课程。21世纪初新一轮基础教育课程改革把综合实践活动课纳入了基础教育阶段的必修课。20多年来，综合实践活动课程在培养学生综合素质方面发挥了重要作用。但在21世纪，学校在开展综合实践活动课方面却面临着不少问题，特别是活动形式内容、课程资源缺乏更成为重要掣肘。茶文化课程的开发，因操作实践的趣味性、知识理论的科学性、多姿多彩的艺术性，能够满足学校和广大学生的需求。

（三）课程目标

其一，学生通过课程学习丰富的中华优秀传统茶文化知识、技能，提升人文底蕴，增强学生的文化自信，促使学生尊重中华民族的优秀文明成果，传播和弘扬中华优秀传统文化。

其二，学生通过探究家庭、社区、国家、世界四个层面的茶与生活，以茶为媒介了解世界，促使学生尊重文化的多样性和差异性，积极参与跨文化交流。

其三，学生通过 BPL 项目式学习，学会学习，掌握学习方法，提升合作能力，能够发现真实世界中的问题，探究解决问题的方法，并将其最终呈现为学习成果。

（四）课程内容

"跟着茶香走世界"课程共 4 个单元，每单元 4 次课程，每次 2 课时。

课程采用综合实践课程、PBL 课程设计元素，培养学生实践、项目实施、问题解决等方面的综合素质。

课程包括四个单元：家庭中的茶品、社区中的茶馆、名茶故乡探秘、茶香走向世界。通过课程学习，学生获得茶学基础知识，提高学习茶科学、茶文化的兴趣和能力，积极参与社区服务，关注身边的学习资源，解决不同项目问题，感受全国各地、各民族地域茶文化传统；在现代世界中成为自信的公民，为以后的深入学习做准备；初步具备人文素养、科学态度、创新精神和一定的实践能力。

以综合实践为核心的混合式茶育课程坚持将传统文化教育与培育和践行社会主义核心价值观相结合、与时代精神教育相结合，遵循教育教学规律和学生身心发展特点。青少年正处于长身体、长品德、长知识，容易接受新事物，朝气蓬勃的重要阶段。茶课程引导学生在浓厚的茶文化氛围里关注健康、知晓礼仪，养成良好的生活习惯，掌握一定的动手、劳动技能；引导学生逐步养成对人温和、敬老爱幼的良好品质，完善性格，增强人际交往能力，形成热心公益慈善的良好风尚；引导学生了解我国地大物博的国情和茶文化的精彩纷呈，认识到多种茶类、多种饮茶方式是各民族劳动人民文化传统、生活习惯的长期积累沉淀，认同、发扬中华茶文化的"和"特性；引导学生关注中国作为茶的故乡，茶文化通过丝绸之路传向世界的历史过程，了解茶的世界种植、各国饮茶特色习俗，树立尊重自然意识，强化生态文明意识，提高民族文化自信的态度素养。

单元	课次	课时	教学／学习活动内容
第一单元 家庭中的 茶品	一	2	走进茶的世界 1.学生了解课程目标，通过思维导图了解课程内容 2.学习茶的基本礼仪和茶的历史知识 3.实践品茶，激发学习兴趣
	二	2	我家的存茶 1.学习茶的分类及名品 2.了解茶中的特色物质：茶多酚、茶氨酸、咖啡碱；不同茶的保存要点 3.品鉴名茶，教师示范名茶的介绍
	三	2	家中名茶鉴赏 1.课前利用网络平台进行家中一种茶的信息的探究 2.课中学生分享探究结果，老师、同学点评 3.学习茶的冲泡技艺 4.总结学习方法
	四	2	我为家人敬杯茶 1.课前利用网络平台学习茶与健康的知识，通过与家人交流根据家人特点为家人选茶 2.课中学生分享探究结果，老师、同学点评 3.教师辅导家庭饮茶的环境布置 4.提交成果： 1）学生为家人敬茶照片及茶品说明 2）用思维导图的方式梳理本单元学习收获
第二单元 社区中的 茶馆	一	2	北京文化名片——老舍茶馆（可实地授课） 1.课前利用网络平台了解老舍茶馆 2.课中学生分享探究结果，老师、同学点评 3.通过茶馆了解节日、节气茶俗，激发学生对社会的关心，对生活的热爱
	二	2	我身边的茶馆 1.课前利用网络平台或走访的方式了解社区中的一家茶馆 2.课中学生分享探究结果，老师、同学点评 3.学习项目式学习方法 4.分组进行人员分工，围绕节日茶会确定项目选题，选定项目实施茶馆，设计项目实施计划
	三	2	茶会设计分享 1.课前利用网络平台小组成员进行项目准备 2.课上小组进行项目实施方案整理 3.各组分享茶会设计，教师、学生进行点评 4.推选最优方案，研讨完善实施计划
	四	2	我们的茶会（可选在茶馆或校园进行） 1.课前做好茶会准备 2.课中进行茶会实施，提出茶会主人和茶会客人的礼仪 3.提交成果：茶会照片及茶会方案

单元	课次	课时	教学/学习活动内容
第三单元 名茶故乡 探秘	一	2	丰富多彩的民族茶艺 1.课前利用网络平台了解各民族品茶特色 2.课中学生分享探究结果，老师、同学点评 3.实践品茶，激发学习兴趣
	二	2	名茶小使者 1.小组选择自己想探究的名茶及产地 2.研讨探究的内容、交流项目式学习经验 3.小组做好分工，制定项目方案
	三	2	名茶小使者 1.课前学生完成个人任务 2.课中各小组梳理项目成果 3.项目组分享探究结果，老师、同学点评 4.复习茶艺技能，交流经验，提升能力
	四	2	中国茶叶地图 1.综合各组名茶信息，组织绘制中国茶叶地图，学生作为名茶小使者进行名茶推介（PPT+演讲） 2.提交成果： 1）学生绘制中国茶叶地图 2）拍摄名茶介绍视频
第四单元 茶香走向 世界	一	2	"一带一路"茶文化探寻 1.课前利用网络平台了解"一带一路"沿线国家（地区）的茶文化特色 2.课中学生分享探究结果，老师、同学点评 3.品茶世界名茶，激发学习兴趣
	二	2	茶的创意 1.各组选择一个国家进行项目式学习，学习目标：茶的创意（结合国家文化+茶叶科技） 2.品鉴各国茶（走进国际红茶屋）
	三	2	茶的创意 1.课前准备各种物料 2.课中同学们共同创意制作，过程中教师指导 3.根据本学期学习内容设置"校园世界茶叶博览会"实施方案
	四	2	校园世界茶叶博览会 1.每组负责一个展区的布置 2.各组进行内容介绍，强化课程收获 3.组织学生分享个人收获 4.课后进行问卷调查 成果提交： 1）小组的展区布置照片及说明 2）学生个人收获文稿 3）课程调查分析

（五）课程实施

1. 确定教学内容的原则

（1）从学生今后适应社会主义现代化建设、社会生活和继续学习的需要出发，选取必需的、学生能够接受的基础知识。

（2）从理论联系实际的要求出发，选取茶基础知识。①密切联系社会实际，使学生了解茶是有益健康的饮品，要懂得合理利用；②密切联系学生的日常生活实际和经常遇到的茶学问题，以利于学生加深理解茶学基础知识；③密切联系有关人体防病、增进健康、保护环境等的知识，使学生养成良好的健康生活习惯；④密切联系各地的自然实际。我国幅员广大，各地自然条件不同，茶种类也有很大差别。课程要选取主要的代表茶类，应力求既具有典型性，又是各地比较常见的种类。要使学生了解本地的茶资源，以及对茶文化的发展。

（3）从"三个面向"的要求出发，适当选取反映现代茶科学水平的、基础性的、学生能够接受的茶学知识。

（4）从培养学生实践能力的需要出发，选取有关的观察、实验、参观、实践活动等内容，培养学生的观察能力、实验操作能力、探究能力和自学能力。

（5）从加强思想情感教育的要求出发，重视选取有利于对学生进行这方面教育的基础知识。

（7）选取茶学基础知识，注意知识的纵向和横向联系。注意处理好本课程与其他相关课程知识之间的纵向和横向联系，例如茶学与生物、地理和劳动技术课等课程之间知识的分工和联系。

2. 教学中应该注意的几个问题

（1）要加强对学生进行思想情感教育。教师要做好教书育人。教学要紧密结合教学内容的特点，努力挖掘教材中的德育因素，潜移默化地将思想和情感教育寓于知识传授之中。结合我国国情，向学生进行热爱社会主义祖国，热爱家乡的教育，增强他们的民族自信心和自豪感。

（2）要认真进行基础知识的教学。基础知识，是培养学生基本技能、各种能力和思想情感教育的基础。教师备课时必须认真分析学生的学情特点。在课堂教学中，要突出重点，抓住关键，富于启发，密切联系生产、生活和自然实际，准确、生动地讲述茶学基础知识。利用混合课程优势，开展丰富多学科教学，使用线上线下媒介提高基础知识学习资源的有效使用。

（3）要重视学生的能力培养。通过观察、实验、参观、讨论、实践活动等教学活动，培养学生的学习兴趣，启发他们学习的主动性，形成实事求是的科学态度以及协作精神。因此，教师在整个教学过程中，要充分发挥主动精神，努力创造条件，满足项目学习问题所需要的观察、实验、实践活动、演示等各项要求，从而培养学生的调查、试验和自学等能力。

（4）要积极改进教学方法和指导学生的学习方法。教师要根据不同的教学目的和教学内容，采取相应的教学方法，进行启发式和讨论式教学，不断提高教学质量。要合理地选择、组合、使用现代化教学手段。要研究学生的知识基础、生理和心理的特点及学习的规律，在改革教学方法的同时，指导学生不断地改进学习方法，帮助他们提高学习效果。

（5）要坚持理论密切联系实际。①要重视密切联系当地茶类的实际进行教学。还应该适当补充讲述常见的茶品和对经济发展有重要意义的茶品；②注意结合节日、季节、社会主题活动，教师对这部分教材的安排，可以因时因地灵活掌握，适当调整教学内容的讲授顺序。

（6）积极组织和指导茶课外科技活动。教师要重视因材施教，积极地组织和指导学生开展科技活动，例如，做实验、观察、采集茶标本，进行茶多样性调查和观察，有条件的学校要组织学生参观茶博物馆和茶园等。这些活动的开展，可以更好地激发学生的学习兴趣，拓宽学生知识面，提高能力、发展特长和培养创新精神。

（7）重视课堂教学与劳动技术教学的密切配合。要积极地为学生学习劳动技术打下必要的基础，从而有利于学生学会对当地经济发展有重要作用的一些茶品的种植和栽培技术有所了解。同时让学生感受茶人的制茶不易，牢固树立学生劳动最光荣、劳动最崇高、劳动最伟大、劳动最美丽的观念，焕发学生的劳动热情、释放创造潜能，积极通过劳动创造更加美好的生活。

3. 茶文化课程教学五步法

在具体教学中，茶文化课程以主题课程的方式开展，围绕主题教师引导学生通过"准备＋分享＋实践＋总结＋应用"五个步骤进行学习，形成主题驱动的五步教学法。教师发挥"脚手架"作用，为学生提供支持帮助，学生则是教育教学中的主角。通过主动学习、主动探究、主动实验、自主总结、自主应用，学生在积极主动的活动中丰富知识，提升自信，承担责任，学会健康的生活方式。

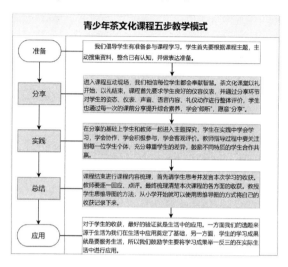

图 1-3　青少年茶文化课程五步教学模式示意图

4. 线上课程资源学习要求

（1）课前：掌握课程平台的使用方法，了解课程设计及课程考核方式。

（2）课中：关注课程通知，认真完成课程内容学习，积极参与讨论区主题讨论。

（3）课后：完成平时作业及期末测评，积极参与相关课程活动。

5. 线上课程资源学习者要求

（1）具备网络学习的学习环境。

（2）具备自主学习和时间管理的能力，每周保证 1—2 个小时的学习时间。

（3）具备一定的信息素养，有借助网络与同龄人交流、合作的基本意愿。

6. 课程实施设备要求

（1）电脑、大屏、网络等电教设备。

（2）四人一组学具（茶具、茶样）。

（六）教学评价

1. 评价原则

（1）导向性原则。以核心素养为导向，关注学生发展情况，结合学生单元活动内容，通过评价积极引导学生问题解决、科学态度、社会责任和创新精神等素养的形成。

（2）发展性原则。发挥评价的反馈改进功能，促进学生认真参与学习与实践，改进教师教学安排。教师关注学生学习过程中的动态发展，积极鼓励学生，正确对待学生在教育教学过程中出现的问题，鼓励学生不断改进提高。

（3）系统性原则。应整体、系统地进行评价，并贯穿学习始终。发挥教师、家长和学生等多元主体评价作用，依据学生年龄特征和学习特点，制定循序渐进的评价目标。注重过程性评价与结果性评价相结合。

2. 评价方式

（1）过程性评价。以小组、个人为单位，设计过程性评价内容。以量规表格的形式、师生互动交流的形式对学生每课时活动进行过程性评价。

（2）结果性评价。课程结束进行结果性评价。关注学生真实获得，评价内容可根据教育目标、教学内容进行设计。

（3）课程评价方式量表。如下：

评价内容	上课表现	活动参与	自我评价	作业	反馈
分值	10	20	10	30	30
评价参与者	教师	教师	学生	教师	家长

3. 评价内容

（1）知识方面。①兼顾科学性、趣味性、系统性使学生能自觉、努力地学习茶学知识，了解这些知识在生产、生活中的应用；②初步获得茶文化发展的基础知识，树立文化自信。

（2）能力方面。①能够依据茶的评价要素进行观察、记录、整理和报告；②能够正确使用茶检验中常用工具和仪器，具备一定的实验操作技能；③初步学会科学探究的一般方法，能够运用所学知识、技能分析和解决一些身边的茶科学问题；④初步具有进一步获取课堂以外的茶知识的能力。

（3）思想情感方面。①热爱茶文化，树立文化自信，增强爱国主义情感；②乐于探索生命的奥秘，具有一定的探索精神和创新意识。

第三节 青少年茶文化课程资源

一、青少年茶文化课程资源建设的基本原则

（一）理念引导课程资源建设

在课程资源设计与实施过程中注重教育理念的传递，把教与学的过程真正变为教师与学生共同成长的过程。通过"生命、生活、生态"的课程理念的传递，学生收获的不仅是知识与技能，更重要的是德行的引领及做人与做事的学习。

（二）以学生为中心，全面育人，五育并举

课程开发以学生为核心，尊重学生的主体性，注重学生的参与；以学生发展核心素养为目标，发挥茶文化特色，将五育融入课程设计之中，真正落实到学生实际生活与学习中。

（三）学段全面，贯通培养

北京市东城区青少年茶文化普及面向幼儿园、小学、中学，关注各学段学生生理、心理特点。贯通从文化启蒙、激发兴趣到探究实践的培养路径，不断提升学生学习的广度和深度。

（四）教材、学材多元，注重实践体验

教材、学材不仅是纸面上的文字、图片，还要开发音频、视频等电子教育资源，也要提供茶样、茶具等实践操作材料包；不仅有学生阅读使用的书籍，还要有可供学生探究、操作的学习单、学习手账。

（五）加强师资队伍培养

授课教师师资水平至关重要，要重点培养，分层提升。面向全体教师开展茶文化普及教育，面向授课教师定期开展教研活动，面向茶文化骨干教师开展高级研修活动。根据教师实际，开展茶学和教师教育教学能力的双提升培养。

（六）注重家、校、社共育

以整个社会为教育空间，开发优质社会资源，将其转化为教育资源，服务学生发展。

二、青少年茶文化课程资源的主要内容

北京市东城区青少年茶文化课程资源以中国学生发展核心素养为目标，注重五育并举，发挥茶文化育人特色，培养全面发展的人；紧密结合"茶育"之五育目标，通过学段课程、"茶+"课程、茶文化综合实践活动等课程资源内容建设实现课程目标。

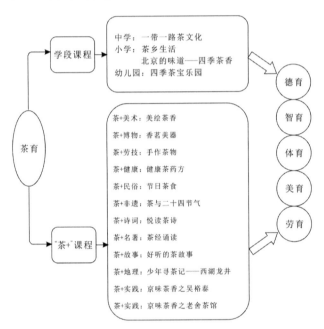

图 1-4　北京市东城区青少年茶文化课程资源内容示意图

（一）学段课程

聚焦学生核心素养，以茶之五育为引导，根据各学段年龄特点设置了幼儿园、小学、中学三个学段的茶文化课程。

1. "四季茶宝乐园"幼儿园游戏化课程

本课程立足建设"养正于蒙"的茶文化特色课程，通过游戏活动感受中国茶文化的魅力，感受品茶、敬茶、泡茶带来的快乐，愿用敬茶的方式表达对家人的爱。

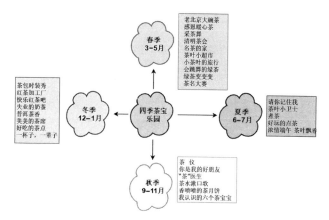

图1-5 北京市东城区青少年茶文化课程之幼儿园茶文化课程框架示意图

2."茶香生活"小学茶文化课程

本课程以茶文化为教育载体，通过茶的历史、文化、冲泡技艺、茶的创意、名茶品鉴等内容学习，将中华传统文化循序渐进地传播给学生，并创设主题情境，激发学生将所学与生活紧密结合的意识，做到学以致用。

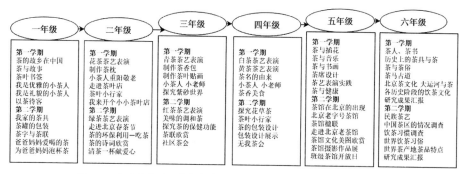

图1-6 北京市东城区青少年茶文化课程之小学茶文化课程框架示意图

3."跟着茶香走世界"中学茶文化课程

"跟着茶香走世界"是线上线下混合式课程，面向初中一、二年级，高中一年级学生开设。课程以茶文化为教育内容，探究家庭、社区、国家、世界四个层面的茶与生活，以茶为媒介了解世界，促使学生尊重文化的多样性和差异性，积极参与跨文化交流。学生通过课程学习丰富中华优秀传统茶文化知识、技能，提升人文底蕴，增强文化自信，促使学生尊重中华民族的优秀文明成果，传播和弘扬中华优秀传统文化。

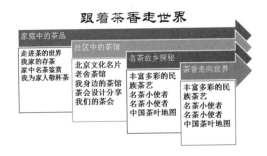

图 1-7　北京市东城区青少年茶文化课程之中学茶文化课程框架示意图

（二）"茶+"课程

"茶+"课程通过茶文化与其他学科的深入融合，为学生提供发展兴趣、展示特长的空间。这类课程以动手实践为主，设定课程主题供学生选择学习。茶文化内涵丰富，包容性强，因此，"茶+"课程内容丰富，不仅有美术、文学等常见内容，也有博物、非遗等热点内容。为了规范课程设计，课题组首先进行了师资培训，提供了课程设计模板，方便教师发挥个人所长开发课程。课程要求教师与学生在共同实践的基础上不断完善课程内容，课程内容要得到实践的检验。

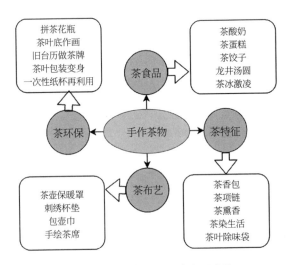

图 1-8　"手作茶物"课程框架示意图

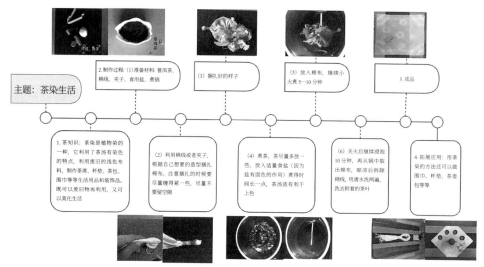

图 1-9 "茶染生活"课程内容示意图

三、青少年茶文化课程资源的利用

北京市东城区青少年茶文化课程属于地方课程，课程资源的利用从组织管理体系、教师视角、学生视角三个方面进行分析。

（一）北京市东城区青少年茶文化课程资源利用的区域管理

区域课程实施的组织管理是一个重点内容，北京市东城区教育委员会相关部门、北京市东城区少年宫、各中小学及幼儿园、社会资源单位组成了一个合作共同体，共同支持青少年茶文化课程资源的充分利用。

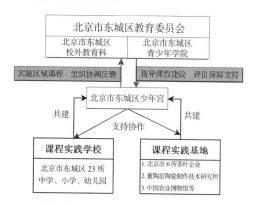

图 1-10 北京市东城区青少年茶文化课程实施组织管理示意图

（二）北京市东城区青少年茶文化课程学生参与路径

学生参与青少年茶文化课程有众多途径，包括由学校主导的校内课程与活动，还有少年宫组织的校外课程与活动。同时，在各项课程活动中，我们联动社会、家庭，共同提供学生学校成长空间，让学生在真实社会中进行学习。

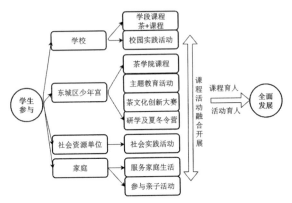

图 1-11　北京市东城区青少年茶文化课程学生参与路径示意图

学生通过不同路径参与北京市东城区青少年茶文化课程学习，在人文底蕴、健康生活、社会参与方面会有很多收获。通过学生参与教育实践，激发学生学习兴趣，丰富学生文化素养，提高学生合作能力，实现课程育人、活动育人的目标，最终实现学生全面发展。

（三）北京市东城区青少年茶文化课程教师发展策略

教师队伍是课程实施的重要一环，合格甚至优秀的课程师资才能有效运用课程资源，服务学生探究学习，使学生获得成长。为此，北京市东城区青少年茶文化课程特别重视师资培养及课程支持。

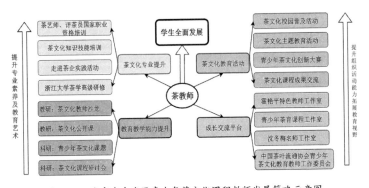

图 1-12　北京市东城区青少年茶文化课程教师发展策略示意图

茶文化课程授课教师要胜任课程、服务学生成长，必须不断学习提升，在茶文化专业和教育教学能力两方面不断提高教师专业素养。同时，随着课程建设的多元化发展，茶文化教育活动的组织能力也是教师在课程实施中特别需要提升的。同时，教师要获得开阔的视野、前沿的学术信息等需要不同的交流平台提供支持。北京市东城区教育委员会 2018 年设立了"霍艳平特色教师工作室"，2019 年成立"青少年茶育课程工作室"，都是为教师提供的成长平台。

（四）青少年茶文化课程实施教学模式

在具体教学中，茶文化课程以主题课程的方式开展。学生通过"准备＋分享＋实践＋总结＋应用"五个步骤开展学习，形成主题驱动的五步教学模式。

1. 准备

我们倡导学生有准备地参与课程学习。学生首先要根据课程主题，主动搜集资料，整合已有认知，并做表达准备。

2. 分享

在课程互动现场，我们相信每位学生都会贡献智慧。茶文化课堂以礼开始，以礼结束，课程首先要求学生有良好的仪容仪表，教师通过分享环节对学生的姿态、仪表、声音、语言内容、礼仪动作进行整体评价，学生也通过每一次的课前分享提升综合素养，学会"倾听"，愿意"分享"。

3. 实践

这一环节是课程主体。在分享的基础上，学生和教师一起进入主题探究，学生在实践中学会学习，学会协作，学会积极参与，学会客观评价。教师指导过程中要关注到每一位学生个体，充分尊重学生的差异，鼓励不同特质的学生合作共赢。

4. 总结

课程结束，进行课程内容梳理。首先，请学生思考并发言总结本次学习的收获，教师要逐一回应、点评，最终梳理清楚本次课程的收获。教师要教授学生思维导图运用的方法，使学生从小学开始就可以使用思维导图将自己的收获记录下来，这既能提高学生学习的专注度，也能锻炼学生的逻辑思维能力。

5. 应用

对于学生的收获，最好的验证就是生活中的应用。一方面，我们的选题来源于生活，为我们在生活中应用奠定了基础；另一方面，学生的学习成果就是要服务生活，所以我们鼓励学生要将学习成果举一反三地在实际生活中进行应用。通过学以致用，让学生体会到学习的乐趣，并在生活中真正提升自己各方面的素养。

第二章

青少年茶文化基础课程设计

第一节　走进茶的世界

一、茶的故乡在中国

（一）中国是茶的故乡，也是茶文化的发源地

2004 年考古发掘的浙江省余姚市三七市镇相岙村的田螺山遗址，出土了距今 6000 年左右的山茶属树根。2008 年 12 月，部分树根和浸泡树根的水液由中国农业科学院茶叶研究所进行化学检测，检测发现，树根虽然多次换水浸泡，但都检出茶树特征性成分：茶氨酸。因此，田螺山是迄今为止考古发现的我国最早人工种植茶树的地方。

1.唐朝的茶

经过数千年发展，饮茶活动形成了文化特色——这兴盛于唐朝。公元 760—780 年，茶圣陆羽在浙江湖州隐居，撰写《茶经》三卷——这世界上第一部茶叶百科全书。

同样，唐朝在浙江湖州设置了服务朝廷的贡茶院，最有名的是顾渚山贡茶院。顾渚山贡茶院规模很大，每年数万人采制贡茶"顾渚紫笋"。顾渚紫笋因其鲜茶芽叶微紫，嫩叶背卷似笋壳而得名，是上品贡茶中的"老前辈"，曾被茶圣陆羽论为"茶中第一"。从唐代宗大历五年（770），茶的兴盛之期历时长达 600 余年，这不仅促进了江南制茶技艺的提高，也带动了全国各茶区的生产和发展。唐代有八大茶区：山南、淮南、浙西、剑南、浙东、黔中、江西、岭南，涉及现在的川、鄂、湘、赣、皖、苏、浙、闽、粤、桂、黔、陕、豫等 13 个省，共 240 多个县市。

唐朝许多著名诗人也留下了咏茶名篇，记录下人们对茶的喜爱。

一字至七字诗·茶（唐·元稹）

茶

香叶，嫩芽。

慕诗客，爱僧家。

碾雕白玉，罗织红纱。

铫煎黄蕊色，碗转曲尘花。

夜后邀陪明月，晨前命对朝霞。

洗尽古今人不倦，将知醉后岂堪夸！

　　山泉煎茶有怀（唐·白居易）

坐酌泠泠水，看煎瑟瑟尘。

无由持一碗，寄与爱茶人。

　　九日与陆处士羽饮茶（唐·皎然）

九日山僧院，东篱菊也黄。

俗人多泛酒，谁解助茶香。

2. 宋朝的茶

宋朝茶叶生产比唐朝更加繁荣，茶已传播到全国各地，基本上与当代茶区范围相符，更有"茶兴于唐，盛于宋"的说法。宋朝贡茶"龙团凤饼"是中国制茶史上的一个佳话。"龙团凤饼"是用茶芽中最精的、状若针毫的"水芽"精制出团茶，茶品色白如雪，被称为"龙团胜雪"，其制作工艺至今难以超越。

制茶工艺发展的同时，饮茶也成了人们物质生活的重要组成部分，成为文学艺术的主题之一。在两宋时期，先后有180多位诗人、词人用文章赞颂宋朝贡茶，诗词达400篇。北宋文学家苏轼把佳茗和佳人联系在一起，写出了"从来佳茗似佳人"的佳句，为人们所传诵。陆游写了300多首茶诗，成为历代诗人中写茶最多的一位，诗中蕴藏了许多茶识、茶情、茶思和茶趣。

　　建安雪（宋·陆游）

建溪官茶天下绝，香味欲全须小雪。

雪飞一片茶不忧，何况蔽空如舞鸥！

银瓶铜碾春风里，不枉年来行万里。

从渠荔子腥玉肤，自古难兼熊掌鱼。

如果说品饮精致奢华的团茶是宋朝宫廷、文人的高档休闲生活，那么妙趣横生的点茶则是民间主流的饮茶方式。这种技艺还有竞争比赛的味道，被称为"斗茶"。斗茶一斗汤色，茶汤色贵白，颜色越白越为上品；二斗水痕，水痕持续时间长者为胜。点茶能力的高低，在斗茶时充分体现。伴随斗茶技艺发展，宋人对茶具也有了更高的要求，斗茶活动也推动了陶瓷制造业的发展。宋人认为釉色、坯胎、造型以黑釉瓷茶盏为最好，于是建盏成了最受青睐的茶具，福建建阳兔毫盏更被宋朝茶人奉为珍品。宋代各地窑口林立，除独领风骚的建窑之外，全国著名的窑口共有五处，即官窑、哥窑、定窑、汝窑和钧窑。

3. 明清的茶

兴盛的宋朝茶文化带来了茶类和新生产技术的发展机遇，到了明、清时期，茶叶生产方式和茶叶饮用方式发生了很大的变化，饮茶对人们生活观念的影响也越来越明显。最引人注目的是茶叶冲泡方法的改变。1391年，明朝开国皇帝朱元璋下旨"罢造龙团，惟采芽茶以进"，也就是废除"龙团凤饼"等紧压茶，全部改成制作工艺相对简单的散茶。同时，撤销北苑贡茶苑，不再设立皇家茶园。散茶兴起，茶壶被更广泛地应用于百姓茶饮生活中。散茶不仅容易冲泡，饮用方便，且叶底芽叶完整，大大增强了饮茶时的观赏效果。

到了清代，除了有著名的爱茶皇帝乾隆，还有至今仍为大家喜爱的贡茶：洞庭碧螺春、西湖龙井、君山毛尖、普洱、茉莉花茶等。同时，茶馆作为一种平民式的饮茶场所，如雨后春笋般出现，并很快发展到鼎盛时期。据记载，当时北京有名的茶馆有30多家，上海更多，达到66家。乡镇茶馆的发达也不亚于大城市，如江苏、浙江一带，有的全镇居民只有数千家，而茶馆可以达到百余家之多。

4. 现代茶的发展

在当今国际经济一体化中，茶叶在全世界人民的日常生活中起着相当重要的作用，茶叶也成为当今世界三大饮料之一。基于茶叶种植及生产的地理位置和特点，中国有四大产茶区，即江北产茶区、江南产茶区、西南产茶区及华南产茶区。2020年中国茶叶产量近300万吨，饮茶已成为人们生活中不可或缺的部分。

茶经济发展到相当程度之后，茶文化热重新掀起。人们认识到，中国茶文化不仅内涵丰富，具有精神熏陶、礼仪社交、艺术欣赏等价值，而且承载了中国悠久历史，是两千年来中国茶业发展的积淀，要将其作为中华传统文化瑰宝传承发扬下来。

（二）茶的国外传播

茶文化自古至今提倡"天下茶人是一家"。在南北朝时期，茶叶输送到了东南亚及亚洲其他地区。唐宋时，日本僧人最澄、荣西从中国回日本时，都携带了中国茶树种子进行本地种植，并将从中国学习的饮茶习俗带回日本发扬光大，推动了日本茶道的形成。1610年，中国茶叶作为商品还输送到了欧洲的荷兰、葡萄牙，后传至东欧，再传至俄国、法国。又过了100多年，在1780年，印度也引种了中国茶树籽。可以说，各国的茶叶都直接或间接与中国有千丝万缕的联系，中国茶的文化知识、茶的种植加工技术传遍了世界各地。

（三）课例

活动主题	茶的故乡在中国	活动类型	小组教学	时长	1.5 小时
活动目标	1.知识与技能：了解茶文化简史，茶区分布；掌握茶的分类，品鉴名茶 2.过程与方法：通过思维导图的运用，了解茶在世界范围内的传播 3.情感价值观：激发学生对中国茶的喜爱，提高学生动手实践的乐趣				
活动内容	1.茶的文化：学习茶文化简史，了解中国茶区、世界茶区；知道茶的分类与名茶；梳理成思维导图 2.茶艺技能：品鉴不同茶类 3.实践活动：名茶与它的家乡				
教学重点	茶的发展历史				
教学难点	茶在世界范围内的传播				
活动准备	1.六种茶，至少涉及四种基本茶类。学生分组，3人一组，每组一套茶样。建议茶类：大红袍、滇红、西湖龙井、白毫银针、普洱茶、茉莉花茶 2.茶具 3.中国地图、贴纸、彩色空白纸 4.名茶图片卡				

活动过程		
活动环节	师生互动内容	教育设计
课程引入 （10分钟）	师生问好，整理仪表，调整姿态。通过鞠躬礼问好引导学生重礼亲师、友爱同学 1.我是优雅的小茶人： 学习站姿、鞠躬礼、伸掌礼 2.师生行礼： 学生问"老师好"，向老师行鞠躬礼。老师回"同学好"，向同学回礼 3.学习敬茶动作： 学生端茶杯，学习敬茶动作，行鞠躬礼，敬茶	第一次活动，重视礼仪学习。教师以身示范，通过自身仪表、行为为学生做榜样；指导学生体验礼仪行为，并实践操作

活动环节	师生互动内容	教育设计
茶世界探索 （20分钟）	教师引导学生观看茶样，认识什么是茶。通过图片，引导学生探索茶文化历史、分类、产区等知识。 学生边学习边制作学习卡，写上核心词 1.绘制茶叶的叶片 在纸张上绘制茶叶叶片简笔图 2.教师讲解茶的历史文化，特别提示其中的核心词 请学生记下下列词：药用、食用、饮用、唐煮、宋点、明泡、陆羽、茶经、基本茶类、再加工茶、红茶、绿茶、青茶、黄茶、黑茶、白茶、茉莉花茶（核心词图片） 3.了解茶区分布，知道中国有四个茶区：江北、江南、华南、西南四大茶区	学生分组开展学习。鼓励学生主动观察、积极探索，激发学生已有知识储备，以团队荣誉激励学生进行知识文化学习。鼓励每一个学生参与互动 教师为低年级学生提供带拼音的核心词图片
课间茶游戏 （25分钟）	绘制思维导图，梳理核心词关系。学生分组汇报，学生、教师进行评价，交流学习 以"茶"为核心，各组绘制思维导图，教师指导分组汇报，注意学生的礼仪和声音及表达内容 鼓励学生先评价，教师再补充	阶段性总结知识、文化。通过小组分享、师生评价巩固学习重点。培养学生分析、总结、表达、合作等能力 简单介绍思维导图，重点提供图示给学生参考，尽量让学生一看就懂，一学就会，马上就用
品鉴名茶 （20分钟）	教师为学生提供3种优质名茶茶样的干茶和茶汤，使学生从茶名、类别、产地、品质特征四方面加深对名茶的认识，达到本次课程培养学生掌握茶样分类识别的能力的目的 品鉴名茶，了解名茶知识、文化。在地图上找到名茶产区、省份、市县产地；制作名茶图片卡。了解这些名茶在世界范围内的传播 | 茶名	类别	产地	品质特征 | |---|---|---|---| | 西湖龙井 | 绿茶 | 浙江 | 色翠 香郁 味甘 形美 | | 大红袍 | 青茶 | 福建 | 岩骨花香绿叶红镶边 | | 滇红 | 红茶 | 云南 | 金毫显露香高味浓 |	通过品茗环节放松一下学生的紧张状态。教师引导学生观察名茶的特点，为学生提供"茶名、类别、产地、品质特征"四方面内容。让学生自主尝试，最后教师再以专业术语简单描述。茶样要选择差异性大的，便于识别，提升学生的自信心和学习积极性
整理 （5分钟）	教师指导学生整理学习用品及桌面卫生，学生之间相互帮助 1.清理、摆放用品，营造整齐美观的环境 2.播放清雅的音乐，营造氛围	以教会方法、形成习惯为目的，组织学生进行教学活动的物品整理。培养学生审美情趣和热爱劳动、有始有终的品德

活动环节	师生互动内容	教育设计
课程总结 （10分钟）	1.学生用一句话说出自己的最大收获。教师总结本次活动的重点、难点，指导学生进行学习后的分享 2.师生行鞠躬礼结束活动 ①鼓励每名学生都发言 ②教师简短点评，鼓励学生的优点，修正学生的错误 ③以礼结束活动	鼓励学生及时总结自己所学、所想。通过每人的一句话了解学生的关注点、兴趣点。教师总结是将正确的、重要的内容在最后一刻进行强调，起到画龙点睛的作用 特别要重视审美、品德的教育

课后练习
1.查找资料，了解一种课堂上没有出现的茶品，自学茶的名字、产地、类别及品质特征 2.选择一款基础茶类，了解其在世界的传播发展

知识链接

宋朝点茶

1.备水

泡茶最好的水自然是新鲜的泉水，推荐使用天然矿泉水或纯净水。煮水时看到水面呈现鱼眼大小、蟹眼大小的沸泡时，就可停止加热。泡茶时，取二沸的水，置边上，等到水没有沸腾的声音，就可以用了

2.碾茶

茶叶放入茶碾。碾茶要迅速，否则有损茶末的新鲜度

3.点茶

点茶是最为关键的步骤。宋朝斗茶就是点茶活动的竞技比赛，比试谁的茶汤汤花——沫饽在盏面上的时间保持更久，此为"咬盏"；花纹水出，此为"云脚散"。宋朝蔡襄《茶录》道："茶少汤多则云脚散，汤少茶多则粥面聚。钞茶一钱七，先注汤，调令极匀，又添注入，环回击拂。汤上盏，可四分则止，视其面色鲜白，着盏无水痕为绝佳。"

先加一点水把茶沫匀开，再边加水边用茶筅"击拂"搅动。总共要注水七次，使茶沫与水交融，茶汤表面显现雪沫乳花，但整个过程不超过数分钟

4.分茶

点茶完后，要将茶汤分盛入盏，供人饮用，一勺一盏，而且每盏茶汤的沫饽要均匀。分茶时行茶艺礼仪，史显雅趣

二、我是优雅小茶人

茶艺是茶人把日常饮茶的习惯，通过艺术加工，向饮茶人和宾客展现茶的冲、泡、饮的技巧，把饮茶引向艺术化，赋予饮茶更强美感的活动。通俗地说，"茶艺"就是泡

茶的技艺和品茶的艺术。

（一）茶艺的发展历史

茶艺的发展有"萌芽于唐，发源于宋，改革于明，极盛于清"的说法，相当有历史渊源。三国以前，饮茶的方式一直停留在药用和饮用阶段。从西晋开始，饮茶有了文化意味，两位文人提供了"证据"。一是西晋著名诗人张载在《登成都白菟楼》诗中写道："芳茶冠六清，溢味播九州。""茶"就是茶，他认为芳香的茶汤胜过所有的饮料，茶的滋味传遍神州大地。芳香和滋味是茶带来的嗅觉、味觉上的感受，与茶的提神、解渴以及保健疗效无关。二是西晋文人杜育，他作的《荈赋》是我国第一首正面描写品茶活动的诗赋："灵山惟岳，奇产所钟。瞻彼卷阿，实曰夕阳。厥生荈草，弥谷被岗。承丰壤之滋润，受甘露之霄降。月惟初秋，农功少休；结偶同旅，是采是求。水则岷方之注，挹彼清流；器择陶简，出自东瓯；酌之以匏，取式公刘。惟兹初成，沫沈华浮。焕如积雪，晔若春敷。若乃淳染真辰，色绩青霜；氤氲馨香，白黄若虚。调神和内，倦解慵除。"其中写到了茶叶的生长环境、态势及条件；写到了尽管在初秋季节，茶农也不辞辛劳地结伴采茶；烹茶所用之水当为"清流"；所用茶具，无论精粗，都采用"东隅"（东南地带）所产的陶瓷；当一切准备就绪，烹出的茶汤则有"焕如积雪，晔若春敷"的艺术美感。因此中国的品茶艺术的萌芽时期至少可以上溯到西晋。

到了唐代，饮茶变成一门生活艺术。陆羽在《茶经》中，对唐代的煮茶法进行了一系列的规范，从选茶、用水、茶具、烘茶、碾磨、筛粉、煮水、加盐、点水、分茶到品尝各个环节都有严格的要求，形成一套完整的茶艺程式。

（二）茶艺的学习

通过学习茶艺、进行茶艺表演实践，可以促使学生开阔眼界，丰富茶知识，更好地泡好一杯茶，更好地体会茶的滋味，科学饮茶。学习茶艺，可以促使学生养成细致、专注、沉着、持久的学习品质。学习茶艺，还可以促使学生提高个人的审美修养，发现生活中的美。

对于同学们而言，茶艺学习主要包含三个方面：一是了解和掌握茶叶的分类、主要名茶的品质特点、制作工艺，以及茶叶的鉴别等；二是掌握茶艺的技巧和工艺，包括茶艺表演的程序、动作要领、讲解的内容，茶叶色、香、味、形的欣赏，茶具的欣赏等；三是呈现茶艺的礼仪，包括仪容仪表、互相交流的要求等。

茶艺表演时建议同学们着茶服。同学们生长发育快，最好选择宽松一些的服装，尽量不穿白色的茶服。学生可以选择上下身分离的茶服，拉长视觉身高，也便于脱换。茶服颜色和肤色相近，会有中规中矩的感觉，端正典雅，如果选择和肤色截然相反的颜色搭配，会形成鲜明的对比，视觉冲击力强。茶服要配合茶艺表演的主题和环境背景选择。茶艺表演的发型要体现美感又不喧宾夺主。发型不能凌乱，女生的头发要盘起来，如果是短发，一定要干净利落，不要用夸张的发饰。茶艺表演时要化淡妆，能够表现出茶最美的一面，也能够体现青少年的天真、纯净，一定不要化浓妆，不要用带香味的化妆品。在茶艺表演前要注意自己的手指甲是否干净，一双干净的手，比任何工具都实用和灵巧。

沏茶时，不要用刚烧开的沸水，否则不仅会加重茶水的苦涩，也会带来安全隐患。倒茶时，无论大杯还是小杯，倒七分满，不宜倒得太满，否则是失礼的表现。奉茶时，茶杯应放在茶托中，双手端出，放在客人右前方，然后双手捧上茶杯。如果客人在说话没有注意到，可轻声道："请您用茶。"对方向自己道谢，要回答"不客气"。如果自己打扰到客人，应说"对不起"。奉茶时，尽量不用一只手，尤其是不要只用左手。用双手奉茶时，切勿将手指搭在茶杯杯口上，或是将其浸入茶水。多人的场合，杯子不回收，放在各人面前的桌上。先敬客人，然后再敬自家人。在场的人全都喝过茶之后，自己才可以饮用。

茶文化博大精深，茶礼仪也是错综复杂，也正是因为这些复杂的礼仪，茶文化才会成为中国文化的一个特色与象征。

（三）课例

活动主题	我是优雅小茶人	活动类型	小组教学	时长	1.5 小时
活动目标	1. 知识与技能：了解小茶人的礼仪规范 2. 过程与方法：通过实际操作掌握茶人基本礼仪 3. 情感价值观：激发学生对中国茶的喜爱，增加学生动手实践的乐趣				
活动内容	1. 茶人礼仪：行为礼仪的学习 2. 茶艺技能：学会优雅的茶艺冲泡动作；敬茶动作练习				
教学重点	掌握茶人基本礼仪				
教学难点	茶艺冲泡动作优雅				
活动准备	1. 学生注重着装，准备笔、本。分组，每组 3 人 2. 准备茉莉花茶茶样。每组一套茶样 3. 茶具 4. 视频短片				

活 动 过 程		
活动环节	师生互动内容	教育设计
课前准备 （5分钟）	师生问好，整理仪表，调整姿态。对照老师的茶席摆设，学生进行观察、学习、摆设茶席	教师以身示范，通过自身仪表、行为为学生做榜样。指导学生体验礼仪行为。讲解茶席的布置要点，指导学生实践操作
小茶人礼仪探索 （20分钟）	教师引导学生观看图片中小茶人正确的站、坐、立姿势。通过图片，引导学生探索小茶人礼仪 1.姿态 姿态是身体呈现的样子。从中国传统的审美角度来看，人们推崇姿态的美高于容貌之美。我们在茶艺表演中的姿态也比容貌重要，需要从坐、立、行等几种基本姿势练起 ①站姿 单人负责一种茶品种冲泡时，要多次离席，让客人观看茶样、奉茶、奉茶点等，采用站式表演。站姿好比是舞台上的亮相，十分重要 要点：站姿应该双脚并拢，身体挺直，头上顶，下颌微收，眼平视，双肩放松。女生双手虎口交叉（右手在左手上），置于腹前。男生双脚呈外八字微分开，身体挺直，头上顶，下颌微收，眼平视，双肩放松，双手交叉（左手在右手上），置于小腹部 ②坐姿 坐姿是我们进行冲泡表演时最常采用的一种姿势 要点：坐姿应坐在椅子或凳子的中央，使身体重心居中，双腿膝盖至脚踝并拢，上身挺直，双肩放松；头上顶，下颌微敛。女生双手搭放在双腿中间，男生双手可分搭于左右两腿侧上方。全身放松，思想安定、集中，姿态自然、美观 ③行姿 女生应以站姿作为准备，行走时移动双腿，跨步脚印为一直线，上身不可扭动摇摆，保持平稳，要显出大方、高雅的气质。男生也以站姿为准备，行走时双臂随腿的移动可以在身体两侧自由摆动，要显出大方、阳刚的气质。转弯时，向右转则右脚先行，反之亦然。出脚不对时可原地多走一步，待调整好后再直角转弯。如果到达客人面前为侧身状态，需转身，正面与客人相对，跨前两步进行各种茶道动作。当要回身走时，应面对客人先退后两步，再侧身转弯，以示对客人尊敬 2.伸掌礼、鞠躬礼	学生分为六组开展学习。鼓励学生主动观察、积极探索，激发学生的知识储备，以团队荣誉为激励进行礼仪学习。鼓励每一个学生参与互动教师边讲边为学生示范动作。请学生照老师示范的样子做。老师及时纠正不正确的姿势

活动环节	师生互动内容	教育设计
小茶人礼仪探索 （20分钟）	心灵美所包含的内心、精神、思想等均可从恭敬的言语和动作中体现出来。表示尊敬的形式（礼节）和仪式即为礼仪，礼仪应当始终贯穿于整个茶道活动中。宾主之间互敬互重，美观和谐 ①鞠躬礼 鞠躬礼在茶艺表演开始、结束时都要用到。鞠躬礼的要点：以站姿为预备，以腰部为折点，上体向前倾（切忌只低头不弯腰，或只弯腰不低头），呈45°，略作停顿，表示对对方真诚的敬意；鞠躬要与呼吸相配合，弯腰下倾时作吐气，身直起时作吸气 ②伸掌礼 这是茶道表演中用得最多的示意礼。主泡与助泡之间协同配合时，主人向客人敬奉各种物品时都用此礼，表示的意思为"请"和"谢谢"。伸掌姿势：四指并拢，虎口分开，手掌略向内凹，侧斜之掌伸于敬奉的物品旁，同时欠身点头，动作要一气呵成	
课间茶游戏 （25分钟）	1.学生分享：为大家介绍一下坐姿、站姿、行姿要求及伸掌礼、鞠躬礼 2.学生在老师的带领下做照镜子游戏 要求：每个人按刚才学的礼仪进行一对一的，一师一生的照镜子游戏，看看对方是不是按礼仪的要求做到了 3.分组汇报，注意学生的礼仪和声音及表达内容。鼓励学生先评价，教师补充	阶段性总结知识。通过小组分享、师生评价巩固学习重点。培养学生分析、总结、表达、合作等能力
欣赏表演 品饮名茶 （20分钟）	1.通过视频看茉莉花茶茶艺表演 2.引导学生主要看敬茶、品茶、基本动作 3.现场模仿、练习视频中的敬茶、品茶等基本动作 4.老师现场用盖碗冲泡茉莉花茶，边操作边讲解 5.品饮茉莉花茶	通过欣赏、品茗环节放松一下学生的紧张状态。教师引导学生观察视频中泡茶的要领，为学生提供准确的动作要领。让学生自主尝试，最后教师再以专业术语简单描述。动作要优雅、自然。提升学生的自信心和学习积极性
整理 （10分钟）	教师指导学生整理学习用品及桌面卫生，学生之间相互帮助 1.清理、摆放用品。营造整齐美观的环境 2.播放清雅的音乐营造氛围（琵琶语）	以教会方法、形成习惯为目的，组织学生进行教学活动的物品整理。培养学生的审美情趣和热爱劳动、有始有终的品德

活动环节	师生互动内容	教育设计
课程总结 （10分钟）	1.学生用一句话说出自己的最大收获。教师总结本次活动的重点、难点。指导学生进行学习后的分享 2.师生行鞠躬礼结束活动 ①鼓励每名学生都发言 ②教师简短点评，鼓励学生的优点，修正学生的错误 ③以礼结束活动 师：同学们再见 生：老师辛苦了，老师再见（鞠躬行礼）	鼓励学生及时总结自己所学、所想。教师总结是将正确的、重要的内容在最后一刻进行强调，起到画龙点睛的作用。特别要重视审美、品德的教育

课后作业

1.将正确的鞠躬礼、伸掌礼介绍给自己身边的三位家人或好朋友

2.带回茶样，和家人品茶，并进行小茶人礼仪练习，通过分享，巩固所学

知识链接

茶艺表演中的礼仪

茶艺表演中有不少动作带有特殊寓意，同学们要规范使用

冲泡时的"凤凰三点头"，即手提水壶高冲低斟反复三次，寓意是向客人三鞠躬，以示欢迎。茶壶放置时壶嘴不能正对客人，否则表示请客人离开；回转斟水、斟茶、烫壶等动作，右手必须逆时针方向回转，左手则以顺时针方向回转，表示招手欢迎客人的意思。有杯柄的茶杯在奉茶时要将杯柄放置在客人的右手面。敬茶点要考虑取食方便，桌面洁净，一般不用瓜子、花生、酥皮点心。总之，应处处从方便别人的角度考虑

三、认识茶具

（一）茶具的历史

中国的茶具种类繁多，造型优美，除有实用价值外，也有颇高的艺术价值，因而驰名中外，为历代茶人青睐。茶具，古代亦称"茶器"或"茗器"。"茶具"一词在唐、宋、元、明几个朝代的各种书籍中都可以看到。宋代皇帝将"茶器"作为赐品，可见其十分名贵。唐宋诗人笔下经常写到"茶器"，唐朝诗人白居易《睡后茶兴忆杨同州诗》写到"此处置绳床，旁边洗茶器"，南宋诗人翁卷《次徐灵渊韵赠赵灵艇》写到"一轴《黄庭》看不厌，诗囊茶器每随身"。不难看出，茶具是茶文化不可分割的组成部分。

（二）茶具的种类

现代人所说的"茶具"主要指茶杯、茶壶、茶碗、茶盏、茶碟、茶盘等饮茶用具。

按照茶具的材质，可以分为陶土茶具、瓷质茶具、竹木茶具、玻璃茶具。

1. 陶土茶具

主要指宜兴紫砂壶。紫砂壶始创于宋代。明代龚春、董翰、赵梁、文畅、时明都是制作紫砂壶的名家妙手。清代更出现了许多大家，使紫砂壶发展、创作达到更高境界。其色有沉香紫、海棠红、葡萄紫、葵黄、墨绿、青灰、朱砂紫等多种颜色，其中以紫色最为著名。紫砂壶选型优美，不易变形，保持2%吸水率与2%气孔率，透气而不渗水，耐冷热急变，且不烫手，是经常用来冲泡青茶的茶具。泡茶使用中，茶浆渗出壶体，经过日积月累地不断附着形成包浆，使紫砂壶看起来温润含蓄，彰显高雅、沉稳之美。在挑选紫砂壶时，学生不要追求奢侈名贵，应根据自己需求先选容量、再看质量。紫砂壶的质量有如下特征：壶把、壶嘴、壶盖钮三点成一线；壶嘴出水应急、长、圆，成水柱状，不散花；壶盖要严稳不晃动；壶把、壶嘴等连接处处理得光滑自然；拿壶倒水感觉壶的重心适宜，手感舒适。每次泡茶完毕将壶身内外洗净，切忌油污接触紫砂壶。趁紫砂壶温度高时，可以用茶汁滋润壶表，适度擦刷壶身。用完晾干，让壶有休息的时间。最好一把壶泡一种茶。

2. 瓷质茶具

瓷质茶具是日常教学过程中使用最多的茶具，如盖碗、品茗杯。为了便于观察茶汤的颜色，一般选用白瓷茶具。碗上配盖、下配茶托，茶托隔热便于持饮。茶盖、茶碗、茶托是现代茶馆中最常见的标志性茶具，被茶人们称为"三才碗"，可冲泡多种茶类，常冲泡青茶、花茶。茶碗上大下小，盖可入碗内，茶托做底承托茶碗，用茶托便于拿取又免烫手。闻香时，揭开碗盖，先嗅盖香，再闻茶香。喝茶时不必揭盖，只需半张半合，或用碗盖撩拨漂浮在茶汤中的茶叶后再饮用，茶叶既不入口，茶汤又可徐徐沁出。若茶汤过烫，可用碗盖在水面轻轻刮一刮，使整碗茶水上下翻转，可观茶叶姿态又可以降低茶汤温度。在闽南一些地区常以盖碗泡茶后再分茶，在北方地区通常用盖碗泡茶后直接饮用。用盖碗泡茶，具有简便、易学、不吸味、导热快、实用、高雅等优点。盖碗有不同容量，可根据自己手持时的舒适程度和所泡茶量来买不同型号的盖碗。

3. 竹木茶具

竹木茶具一般是茶道组，是茶艺中不可缺少的茶具，包括茶匙、茶针、茶夹、茶则、茶海等。茶匙：取茶用，像细长小勺；茶针：细长针状，通紫砂壶口用；茶夹：用来夹品茗杯等；茶则：用于在冲泡过程中投茶；茶海：又称茶漏，状似大开口漏斗，用来增加紫砂壶壶口面积。在点茶时，有一种特殊的茶具——茶筅，由一精细切割而成的竹块制作而成，用以调搅粉末茶，使用方法：点茶师先用一茶勺，将粉末茶盛入建盏，冲入沸水，用茶筅快速击拂，使之产生沫饽。茶筅根据其竹穗根数的不同可分为平穗（16本）、荒穗（36本）、野点（54本）、常穗（64本）、数穗（72本）、八十本立（80本）、百本立（100本）、百二十本立（120本）等，依次可做出不同浓薄品质的抹茶。

4. 玻璃茶具

在现代，玻璃器皿有较大的发展。玻璃质地透明，光泽夺目。外形可塑性大，形态各异，用途广泛。直筒玻璃杯经常也用做泡茶的主泡器。用直筒玻璃杯泡茶，茶汤的鲜艳色泽，茶叶的细嫩柔软，茶叶在整个冲泡过程中的上下翻动，叶片的逐渐舒展，可以一览无余，呈现出一种动态的美。特别是用玻璃杯冲泡绿茶时，茶具晶莹剔透，杯中轻雾缥缈，澄清碧绿，芽叶朵朵，亭亭玉立，观之赏心悦目，别有风趣。玻璃杯物美价廉，深受消费者的欢迎，但缺点是容易破碎，比陶瓷烫手。双层真空玻璃杯则不容易感知茶汤的温度，在品饮时要小心烫伤。

（三）常用茶具

1. 品茗杯

专用于品茶的杯子。品茗杯款式多样，在选用时主要看个人喜好。好的品茗杯，杯口必须平滑，可以将茶杯倒扣在桌子上，用食指和中指按住杯底，将茶杯分别向左右两个方向旋转，若有叩击声音，则多半为杯口不平滑，反之则平滑。同样的方法可以检查杯底是否平滑。选择品茗杯还应遵循"小、浅、薄、白"的原则：小则一啜而饮，浅则水不留底，质薄如纸以使其能起香，色白如玉用以衬托茶的颜色。品茗杯的大小应与茶壶相配：小茶壶适宜与容水量20—50mL的小品杯搭配，大茶壶则应与容水量100—150mL的大品杯相配。小品杯的杯身可根据个人喜好选择：盏形茶杯饮茶无须抬头即可将茶汤喝完；直口茶杯则需要抬头才可以将茶汤喝完；收口茶杯则需要仰头才能饮尽茶汤。握持品茗杯时采用"三龙护鼎"持杯法：用拇指和食指捏住杯身，中指托住杯底，无名指和小指收好。

2. 随手泡

煮水是泡茶过程中重要的程序之一，掌握煮水的技巧、水的温度对泡出一杯成功的茶汤起到关键作用。随手泡是泡茶时用的"水壶"。随手泡有铝、铁、玻璃等材质，由于现今科技日益发达，市场上多了许多类型，如电热铝制电磁炉煮水器、酒精玻璃壶煮水器、电磁炉煮水器、铁壶煮水器等。使用随手泡时拇指扣在壶提的内侧，其余四指牢牢握住壶提。一般来说，0.8L 的小电水壶比较适合初学学生。随着学习深入和不同茶席主题，也可以选择瓷壶、铁壶。

3. 公道杯

分茶用具。公道杯按材质可分为玻璃、瓷、陶、紫砂等。建议选择玻璃材质，方便观看茶汤的颜色；可以配过滤网，避免碎茶渣进入公道杯。公道杯要耐热高温，比较安全。

（四）课例

活动主题	认识茶具	活动类型	小组教学	时长	1.5 小时
活动目标	1.知识与技能：了解茶具的名称和用途，练习介绍茶具的名称和用途 2.过程与方法：通过视频展示、教师示范、个人展示等方法，学生能够了解各种茶具的名称及用途，并在此基础上进行规范的茶具介绍 3.情感价值观：通过学习茶具知识和介绍茶具，了解茶具在生活中的实用性，感受艺术文化美感				
活动内容	1.展示茶具 2.看介绍茶具的视频 3.认识各种茶具 4.练习使用茶具摆设茶席				
教学重点	掌握茶具的名称和各种茶具的用途				
教学难点	使用茶具摆设主题茶席				
活动材料	1.学生注重着装，准备笔、笔记本 2.茶具：茶盘、茶壶、公道杯、过滤网、滤网架、茶巾、品茗杯、闻香杯、随手泡、茶道组、茶叶罐、茶荷 3.茶席铺垫 4.相关视频				

活动过程		
活动环节	师生互动内容	教育设计
引入新课 （5 分钟）	观看视频或图片：法门寺茶具	关注与茶文化有关的文物

活动环节	师生互动内容	教育设计
展示茶具 （5分钟）	1.教师将要认识的所有茶具一一罗列到茶桌上，带学生观察茶具。提问：桌子上的茶具你们认识哪些？它们都叫什么？你们家里有这种茶具吗？用来做什么的？ 2.教师总结同学们的观点，提出本节课的学习任务：认识茶具，我们要了解每种茶具的名称和用途，最后我们还要学会怎样规范优雅地介绍每种茶具	通过展示茶具和提问与学生生活相关的问题，激发他们对学习内容的兴趣，提出学习课题，为开展新任务做好准备
观看视频 （10分钟）	1.师生共同观看介绍茶具的视频 2.教师提问，学生回答问题 视频中介绍的哪些茶具是你不认识的？ 你可以在茶桌上找到这个茶具吗？ 茶具介绍有什么样的顺序？ 3.教师总结大家的答案	通过观看介绍茶具的视频，学生对茶具有一个整体的认识，为进一步学习茶具的名称和各种茶具的用途奠定基础
认识茶具 （30分钟）	1.教师展示茶具，提问并讲解各种茶具的用途 茶盘：用来盛放茶具和盛接废水 茶壶：用来泡茶的壶 公道杯：用来均匀茶汤和分茶 品茗杯：用来品饮茶汤和鉴赏汤色 闻香杯：用来闻杯底留有的香气 茶巾：用来擦拭水痕和茶渍 茶荷：用来赏干茶 茶叶罐：用来存储茶叶 随手泡：用来烧水 茶匙：用来拨茶 茶针：用来疏通壶口 茶夹：用来夹品茗杯和闻香杯 茶漏：用来扩大壶口面积，防止茶叶散落壶外 茶则：用来量取茶叶 2.学生回答问题，做笔记	通过观看茶具，回答老师的问题，使学生了解学习每种茶具的名称、别称、不同的材质、产生发展的历史、用途等知识
介绍茶具 （20分钟）	1.教师示范介绍茶具的方法和原则：先介绍主泡区的茶具，之后介绍外围的茶具。将茶具高高举起至便于大家观赏的位置，动作舒展大方。介绍茶具时声音洪亮，吐字清晰 2.学生以小组为单位，做空手练习，互相观看评价 3.选取个别学生展示，师生共同评价	通过向学生展示如何介绍茶具，帮助学生掌握优雅大方地介绍茶具的方法

续表

活动环节	师生互动内容	教育设计
摆设茶席 （10分钟）	以某款茶品的饮用季节特点为主题，摆设茶席，如夏季茉莉花茶茶席的摆设	尝试进行茶具知识、茶品特点知识的应用实践
课程总结 （10分钟）	1.师生共同总结这次课的主要内容 2.鼓励学生简短概括这次课的主要收获 3.师生共同行鞠躬礼，道别	总结课堂内容，夯实重点知识

课后作业
1.复习掌握每种茶具的名称及用途 2.练习优雅规范地介绍每一种茶具 3.设计一个茶席，尽可能地将通过这次课学习掌握的每一种茶具包括进去

知识链接

法门寺茶具

鎏金茶碾

通高7.1cm，长27.4cm，槽深3.4cm，辖板长20.7cm，宽3.0cm，全重1168g。通体呈长方形，由碾槽、辖板和槽座组成。槽呈半月形尖底，与槽座焊接。槽身两端为如意云头状，两侧各有一只飞雁及流云纹。槽座嵌于槽身，座壁有镂空壶门，门之间饰天马流云纹。茶碾子打开后，上置纯银锅轴，轴长21.6cm，轴径8.9cm。轴刃有平行沟槽，轴杆圆形，中间粗两端细，其上錾刻"五哥"两字，表明此器为唐僖宗供奉。轴孔四周錾团花，外饰流云纹，錾文上有"碢轴重一十三两（唐代重量单位）"，轴可来回转动。茶碾是碾碎饼茶用的

鎏金茶罗

通高9.5cm，罗身长13.4cm，宽8.4cm。屉长12.7cm，宽7.5cm，高2.0cm。座长14.9cm，宽8.9cm，高2.0cm，全重1472g。通体呈长方形，由盖、罗、屉、罗架、器座组成，均系钣金成型，纹饰涂金。盖顶錾两体首尾相对的飞天，并衬以流云。盖刹四周各饰一和合云。罗架两侧饰执幡驾鹤仙人，另两侧为相对飞翔的仙鹤，四周饰莲瓣纹。罗和屉均为匣状，中夹罗网，屉面饰流云纹，有拉手。罗架下有台形座，设镂空壶门。茶罗就是茶筛，在茶碾之后使用，可筛茶粉

金银丝笼

通高15.0cm，全重335g。有盖，直口，深腹，平底，四足。盖为穹顶，笼有提梁，盖与提梁间有链相连。整个笼子用极细的金银丝编织而成，主要供烘烤饼茶后，趁热装入纸袋，作为一种贮器，暂存于此

第二节 中国名茶鉴赏

一、绿茶名品——西湖龙井

饮湖上初晴后雨二首（宋·苏轼）

水光潋滟晴方好，山色空蒙雨亦奇。

欲把西湖比西子，淡妆浓抹总相宜。

这是一首大家耳熟能详的赞美西湖景色的诗。位于我国浙江省杭州市的西湖不仅有美景，还有"双绝"——虎跑泉和西湖龙井茶。

西湖龙井属于绿茶，在中国十大名茶排行中经常位列榜首。

（一）历史发展

茶圣陆羽的《茶经》中有"钱塘天竺、灵隐二寺产茶"的记载，说明龙井自唐朝就开始产茶。北宋文豪苏东坡在狮峰山下用"白云峰下两旗新，腻绿长鲜谷雨春"赞美龙井茶，并手书"老龙井"等匾额，至今尚存于狮峰山脚的悬岩上。到了南宋，杭州成了国都，茶叶生产也有了进一步的发展。到了清朝，清雍正《浙江通志》记载："杭郡诸茶，总不及龙井之产，而雨前细芽，取其一旗一枪，尤为珍品，所产不多，宜其矜贵也。"清代乾隆皇帝六次下江南，四次来到西湖龙井茶区观看茶叶采制，品茶赋诗，将胡公庙前的十八棵茶树封为"御茶"。从此，西湖龙井茶驰名中外，问茶者络绎不绝。到了民国时候，西湖龙井茶成为中国名茶之首。中华人民共和国成立后，国家积极扶持西湖龙井茶的发展，位于五云山麓的梅家坞，曾被周恩来总理作为指导中国农村工作的联系点。从1957年至1963年，周恩来总理先后五次来到梅家坞视察工作和调查研究，并将西湖龙井作为礼品赠送给来访中国的尼克松、基辛格、金日成、西哈努克等外国政要。1958年5月，经国务院批准成立的中国农业科学院茶叶研究所在西湖风景区成立，这是唯一的国家级综合性茶叶科研机构。科研人员选育西湖龙井茶优良品种，推广先进栽培、采制技术，建立西湖龙井茶分级质量标准，与茶农们共同促进西湖龙井茶的生产、销售，使西湖龙井茶走上了科学规范、可持续发展道路。

（二）生长环境

好山好水出好茶，西湖龙井茶之所以能成名并发扬光大，与其优异的茶叶内质密切相关，更离不开当地适宜的地理、气候条件。西湖地处我国东南丘陵地带边缘和亚热带北缘，年均太阳总辐照度在 100—110W/㎡，年日照时数在 1800—2100h，年平均气温 16℃，降水量 1500mm 左右，各种林木生长茂盛。西湖龙井茶核心产区西湖风景区总面积 49km²，汇水面积 21.22km²，湖面面积 6.38km²，南、西、北三面环山，东邻城区，南部和钱塘江隔山相邻，湖中白堤、苏堤、杨公堤、赵公堤将湖面分割成若干水面，溪水长流。高山挡住了寒冷的西北风，这里气候温和，雨量充沛，光照漫射，土壤微酸，土层深厚，排水性好。优越的自然条件有利于茶树的生长发育，茶芽不停萌发，采摘时间长，全年可采 30 批次左右，几乎是茶叶中采摘次数最多的。

（三）制茶工艺

西湖龙井茶有"色绿、香郁、味甘、形美"四绝特点，特点的形成与制作工艺密不可分。西湖龙井属于炒青绿茶，干燥方式采用炒干，这是茶品质形成的关键性技术，其主要目的一是彻底破坏鲜叶中酶的活性，制止多酚类化合物的酶促氧化，以获得绿茶应有的色、香、味；二是散发青草气，培育茶香；三是蒸发一部分水分，使之柔软，增强韧性，便于揉捻成形。西湖龙井成品叶片扁平光滑，属于扁炒青。传统的西湖龙井炒青是手工炒制，那可真是神乎其技，炒制过程中的不同火候锅温，炒制的基本动作、手法和手势，怎样灵活运用，全凭师傅们对茶的"因材施教"和多年的经验积累。

（四）冲泡方法

西湖龙井叶为扁形、细嫩、条形整齐、宽度一致，绿黄色，手感光滑，一芽一叶或两叶，其中所含氨基酸、儿茶素、叶绿素、维生素 C 等成分均比其他茶叶多，营养丰富。冲泡西湖龙井茶，一般使用透明玻璃杯，便于欣赏茶叶随水沉浮变化之美。西湖龙井茶冲泡最好用泉水。因为茶叶细嫩，冲泡水温控制在 80℃左右。茶水比例 1：50。冲泡步骤主要为温杯、置茶、温润泡、冲泡。冲泡西湖龙井时可以看到杯中茶汤清澈黄绿，芽叶嫩匀成朵，亭亭玉立，旗枪交错，上下浮动，栩栩如生。然后可细细品啜，寻求其中的茶香与鲜爽滋味的变化过程，以及甘醇的韵味。

（五）课例

活动主题	西湖龙井	活动类型	小组教学	时长	1.5 小时
活动目标	1.知识与技能：了解绿茶西湖龙井的相关知识，练习用下投法冲泡 2.过程与方法：通过教师讲授和示范，学生实践，使学生掌握西湖龙井的冲泡方法 3.情感价值观：激发学生对绿茶的喜爱，初步感受茶的魅力，以及对茶人的敬佩之情				
活动内容	1.茶的文化：名优绿茶西湖龙井的知识与文化（相关的故事、诗词、种类、解说等） 2.茶艺技能：西湖龙井的冲泡及解说 3.实践活动：冲泡实践，主动了解其他绿茶				
教学重点	1.掌握初步的绿茶西湖龙井的知识与文化 2.会用玻璃杯冲泡绿茶西湖龙井				
教学难点	学生会用玻璃杯冲泡绿茶西湖龙井				
活动准备	1.学生注重着装，准备笔、本 2.玻璃杯、随手泡，西湖龙井 3.教师准备制茶视频				

活动过程		
活动环节	师生互动内容	教育设计
课程引入 （5分钟）	教师朗诵苏轼《饮湖上初晴后雨二首》，学生齐诵	通过诗词学习积淀传统文化知识，引入本节课主题：西湖龙井
学习西湖龙井茶的基础知识 （30分钟）	1.介绍西湖地区气候地理条件，学生分析茶树生长的自然条件要求 2.观察干茶，交流总结：西湖龙井茶，外形扁平挺秀，色泽绿翠，内质清香味醇，泡在杯中，芽叶色绿。素以"色绿、香郁、味甘、形美"四绝著称 3.了解制茶工艺(看视频)。龙井茶的采摘有三大要求：一是早，二是嫩，三是勤。西湖龙井的炒制需要手工完成，通常的工艺包括"抖、带、挤、甩、挺、拓、扣、抓、压、磨"十大手法。整个炒茶过程分为青锅、回潮、辉锅三个阶段	学生分为六组开展学习。鼓励学生主动观察、积极探索，激发学生已有知识储备，以团队荣誉激励学生进行知识文化学习。鼓励每一个学生参与互动 丰富课程内容的学习，增强学习的直观性与知识性，同时让学生体会制茶师傅高超的技艺和传承古法的匠人精神

活动环节	师生互动内容	教育设计
课间茶游戏（10分钟）	1.回顾知识，交流对西湖龙井的一些了解 2.除此以外，对西湖龙井还有哪些了解呢？相互交流 预设："御茶"逸事 清代乾隆皇帝六次下江南，四次来到龙井茶区观看茶叶采制，品茶赋诗。在归途中，将龙井茶叶带回给太后，太后喝后肝火顿消，连说这龙井茶胜似灵丹妙药。乾隆立即传旨将胡公庙前的十八颗茶树封为"御茶"，年年采制，专供太后饮用。自此，龙井蜚声海内外，问茶者络绎不绝 预设：描写西湖龙井的古诗 《龙井试茶》（明·童汉臣） 水汲龙脑液，茶烹雀舌春。 因之消酪酊，兼以玩嶙峋。 《饮龙井》（明·孙一元） 眼底闲云乱不收，偶随麋鹿入云来。 平生于物原无取，消受山中水一杯。	阶段性总结知识、文化。通过小组分享、师生评价巩固学习重点。培养学生分析、总结、表达、合作等能力。相关知识的拓展，既增加了学习的趣味性，也具有浓浓的文化味
品鉴名茶（40分钟）	1.回顾绿茶三种冲泡方法 西湖龙井用"下投法"冲泡 2.品鉴名茶，了解西湖龙井茶的冲泡和解说 教师边示范冲泡，边解说 **赏茶** 龙井茶外形扁平光滑，有"色绿、香郁、味甘、形美"四绝之盛誉。优质龙井茶，通常以清明前采制的为最好，称为明前茶；谷雨前采制的稍逊，称为雨前茶，而谷雨之后的就非上品了。有诗云"烹煎黄金芽，不取谷雨后" **温杯** 冲泡高档绿茶要用透明无花的玻璃杯，以便更好地欣赏茶叶在水中上下翻飞、翩翩起舞的仙姿，观赏碧绿的汤色、细嫩的茸毫，领略清新的茶香。冲泡龙井茶更是如此 现在，将水注入将用的玻璃杯，一来清洁杯子，二来为杯子增温。茶是圣洁之物，泡茶人也有一颗圣洁之心 **投茶** "茶滋于水，水藉于器"。茶与水的比例适宜，冲泡出来的茶才能不失茶性，又充分展示茶的特色。现将茶叶用茶则从茶仓中轻轻取出，每杯用茶2—3g	

活动环节	师生互动内容	教育设计
品鉴名茶 （40分钟）	**润茶** 采用"回旋斟水法"向杯中注水少许，以1/4杯为宜，温润的目的是浸润茶芽，使干茶吸水舒展，为将要进行的冲泡打好基础 **悬壶高冲** 温润的茶芽已经散发出一缕清香，这时高提水壶，让水直泻而下，接着利用手腕的力量，上下提拉注水，反复三次，让茶叶在水中翻动。这一冲泡手法，雅称"凤凰三点头"，三点头像是对客人鞠躬行礼，是对客人表示敬意，同时也表达了对茶的敬意 **奉茶** 客来敬茶是中国的传统习俗，也是茶人所遵从的茶训。将自己精心泡制的清茶与新朋老友共赏，别有一番欢愉 **品饮** 闻其香，则是香气清新醇厚，无浓烈之感，细品慢啜，体会齿颊留芳、甘泽润喉的感觉 **学生练习冲泡**	冲泡环节是在教师示范后，让学生在小组中练习。一人练习，其他人认真观看、纠正手法。在熟练后，如果能边冲泡、边配合解说词，就更能体现冲泡时的美好意境 通过品茗环节放松一下学生的紧张状态。让学生自主尝试，最后教师再以专业术语简单描述
课程总结 （5分钟）	1.学生用一句话说出自己的最大收获，可以写一写，或者画一画 2.教师总结本次活动的重点、难点，指导学生进行学习后的分享	鼓励学生及时总结自己所学、所想。通过每人的一句话了解学生的关注点、兴趣点。教师总结是将正确的、重要的内容在最后一刻进行强调，起到画龙点睛的作用。需特别重视审美、品德的教育

课后练习
1.与绿茶西湖龙井有关的茶食你了解吗？可以尝试制作
2.找一找绿茶除了品饮，在我们生活中还有哪些应用呢？

知识链接
龙井茶和西湖龙井茶是一回事吗？ 答案是否定的。两款茶品饮起来有很大差异，我们可以先从两款茶的产地上加以区别 西湖龙井茶产地为西湖风景名胜区及周边168km²，地理标志产品保护范围内，又可以分为西湖龙井茶一级产区，为茶友所熟知的"狮、龙、云、虎、梅"，即狮峰山、龙井村、云栖、虎跑、梅家坞；还有二级产区，在西湖名胜风景区之外、西湖区以内，分布在龙坞乡、留下镇、转塘镇和周浦镇等，这一带历史上以生产旗枪茶为主。而普通龙井茶产地为西湖产区以外，浙江省以内的范围，称为"龙井茶"或"浙江龙井茶"，主要包括钱塘、越州产区。高级龙井茶有"色绿、香郁、味甘、形美"四绝佳茗之誉。使用十大手法炒青：抖、搭、带、捺、甩、抓、推、扣、压、磨，炒茶者还需根据鲜叶大小、老嫩程度和锅中茶坯的成型程度，灵活变化手法，调节手炒的力量，是技艺更是工艺，现已成功入选国家非物质文化遗产名录

二、红茶名品——祁门红茶

"祁红特绝群芳最，清誉高香不二门"。祁门红茶是红茶中的极品，享有盛誉，深受国内外茶人的喜爱，又被称为"群芳最""红茶皇后"，简称"祁红"。

（一）历史发展

祁门红茶产于我国安徽省西南部黄山支脉区的祁门县一带。清朝光绪以前，祁门生产绿茶，品质优良，产红茶则事出近代，1875 年前后。当时的英国、法国、俄国、丹麦等国家都有着巨大的红茶市场，祁门的胡元龙、余干臣等人借鉴外省的红茶制法，加工出祁门红茶，在市场获得了成功，至今已有 140 多年历史。

（二）生长环境

祁红产区自然条件优越，山地林木茂盛，温暖湿润，土层深厚，雨量充沛，云雾众多，很适宜茶树生长。祁门槠叶种是黄山地区的国家级茶树良种，抗低温性能强，气温 −9.3℃时，无明显冻害，成茶品质好。鲜叶化学成分为多酚类 31.11%、儿茶素总量 14.66%、氨基酸 5.42%、水浸出物 44.72%，适制红、绿茶。制工夫红茶，酶活性高，条索紧细苗秀，色泽乌润，回味隽永，具有果香或似花香的独特香气，称"祁门香"，是制祁红的当家种。制绿茶，色绿润，香气高爽，味鲜醇。每公顷产干茶一般在 1500kg 以上，栽培适应性广泛。

（三）制茶工艺

红茶的加工分四个工序：①萎润→②揉捻→③发酵→④干燥。

在我国，红茶分为小种红茶、工夫红茶和红碎茶三种，小种红茶产于武夷山，鲜红艳丽，汤味有松香、桂圆香；工夫红茶，是在武夷山正山小种生产工艺基础上发展起的优良品种，条索紧，如祁红、玫瑰香、甜茶、云南和镇江红、外形肥壮，显金色，汤色红艳，另有苏红、粤红、闽红；红碎茶鲜叶萎润，烘干制成。

我国红碎茶生产较晚，近年来产量不断增加，质量也不断提高。红碎茶依据总的品质特征，共分为四个花色：叶茶，传统红碎茶的一种花色，条索紧结匀齐，色泽乌润，内质香气芬芳，汤色红亮，滋味醇厚，叶底红亮多嫩茎；碎茶，外形颗粒重实匀齐，色泽乌润或泛棕，内质香气馥郁，汤色红艳，滋味鲜爽，叶底红匀；片茶，外形全部为木耳形的屑片或皱褶角片，色泽乌褐，内质香气尚纯，汤色尚红，滋味尚浓略涩，叶底红匀；末茶，外形全部为砂粒状末，色泽乌黑或灰褐，内质汤色深暗，香低味粗涩，叶底暗红。

（四）现代发展

早在 1915 年的巴拿马－太平洋国际博览会上，祁门红茶就获得特等奖和金牌。1979 年 7 月，邓小平视察黄山时为祁门茶乡描绘雄伟壮丽的蓝图："你们祁红世界有名。"为祁门茶乡经济指明了发展方向。1997 年，在传统工夫红茶的基础上，安徽省农业科学院茶叶研究所利用科技优势，采用国家级茶树良种与独特的加工工艺相结合的办法研制成功祁门红茶新品种——祁红香螺，并获得了市场的认可。祁门的茶叶经济蒸蒸日上，2001 年祁门被冠以"中国红茶之乡"的称号。现在，祁门红茶有功夫茶、袋泡茶、保健茶、超微茶，品种多，质量高，向多渠道多领域发展。

（五）课例

活动主题	祁门红茶		活动类型	小组教学	时长	1.5 小时
活动目标	1.知识与技能：了解红茶简史、红茶产地，品鉴名茶 2.过程与方法：通过红茶知识学习，知道红茶的品质特征；通过识茶、品茶过程学会茶的初步品鉴方法；通过观看红茶表演，巩固学习成果 3.情感价值观：激发学生对中国茶的喜爱，提高学生动手实践的乐趣					
活动内容	1.茶的文化：红茶的知识和文化 2.茶艺技能：红茶的冲泡和解说 3.实践活动：冲泡实践					
教学重点	红茶的冲泡和解说					
教学难点	红茶的冲泡					
活动材料	1.六种红茶，每组一套茶样：金骏眉、滇红、正山小种、祁门红茶、九曲红梅、坦洋工夫。泡其中一种 2.中国地图、卡纸					

活动过程		
活动环节	师生互动内容	教育设计
	教师引导学生观看茶样，认识什么是红茶。通过图片，引导学生探索红茶的文化历史、分类、产区等知识。边学习边制作学习卡，写上核心词	

活动环节	师生互动内容	教育设计
红茶世界探索 （20分钟）	1. 听故事，品香茗：祁门红茶诞生的故事 中国名红茶：祁门红茶、滇红、宁红等。其中，祁门红茶外形条索紧细匀整，锋苗秀丽，色泽乌润（俗称"宝光"）；内质清芳并带有蜜糖香味，上品茶更蕴含着兰花香（号称"祁门香"），馥郁持久；汤色红艳明亮，滋味甘鲜醇厚，叶底（泡过的茶渣）红亮。清饮最能品味祁红的隽永香气，即使添加鲜奶亦不失其香醇。春天饮红茶以它最宜，下午茶、睡前茶也很合适 2. 结合中国地图，了解著名的红茶产地 世界上的名红茶主要包括：祁门红茶、阿萨姆红茶、大吉岭红茶、锡兰高地红茶	学生分为六组开展学习。鼓励学生主动观察、积极探索，激发学生已有知识储备，以团队荣誉为激励进行知识文化学习。鼓励每一个学生参与互动
课间茶游戏 （25分钟）	1. 绘制思维导图，梳理核心词关系。学生分组汇报，学生、教师进行评价，交流学习 2. 以"红茶"为核心，各组绘制思维导图，教师指导 3. 分组汇报，注意学生的礼仪和声音及表达内容，鼓励学生先评价，教师后补充	阶段性总结知识、文化。通过小组分享、师生评价巩固学习重点。培养学生分析、总结、表达、合作等能力。简单介绍思维导图，重点提供图示给学生参考。尽量让学生一看就懂，一学就会，马上就用
品鉴名茶 茶艺表演 （25分钟）	1. 红茶冲泡方法及过程（教师可先做示范或引导学生观看红茶表演视频） **"宝光"初现** 祁门工夫红茶条索紧秀，锋苗好，色泽并非人们常说的红色，而是乌黑润泽。国际通用红茶的名称为"Black tea"，即因红茶干茶的乌黑色泽而来。请来宾欣赏其色被称之为"宝光"的祁门工夫红茶 **清泉初沸** 热水壶中用来冲泡的泉水经加热，微沸，壶中上浮的水泡（仿佛"蟹眼"）已生 **温热壶盏** 用初沸之水，注入瓷壶及杯中，为壶、杯升温 **"王了"入宫** 用茶匙将茶荷或赏茶盘中的红茶轻轻拨入壶中。祁门工夫红茶也被誉为"王子茶" **悬壶高冲** 这是冲泡红茶的关键。冲泡红茶的水温要在100℃，刚才初沸的水，此时已是"蟹眼已过鱼眼生"，正好用于冲泡。而高冲可以让茶叶在水的激荡下，充分浸润，以利于色、香、味的充分发挥	通过冲泡环节放松一下学生的紧张状态。教师引导学生观察冲泡要点，为学生提供冲泡的环境和茶具让学生自主尝试冲泡，最后教师再以专业术语简单描述。表扬泡的最好、动作最优美的学生，以提升学生的自信心和学习积极性

活动环节	师生互动内容	教育设计
	分杯敬客 用循环斟茶法，将壶中之茶均匀地分入每一杯中，使杯中之茶的色、味一致 **喜闻幽香** 一杯茶到手，先要闻香。祁门工夫红茶是世界公认的三大高香茶之一，其香浓郁高长，又有"茶中英豪""群芳最"之誉，香气甜润中蕴藏着一股兰花之香 **观赏汤色** 红茶的红色，表现在冲泡好的茶汤中。祁门工夫红茶的汤色红艳，杯沿有一道明显的"金圈"。茶汤的明亮度和颜色，表明红茶的发酵程度和茶汤的鲜爽度。再观叶底，嫩软红亮 **品味鲜爽** 闻香观色后即可缓啜品饮。祁门工夫红茶以鲜爽、浓醇为主，与红碎茶浓强的刺激性口感有所不同，而是滋味醇厚，回味绵长 **再赏余韵** 一泡之后，可再冲泡第二泡茶 **三品得趣** 红茶通常可冲泡三次，三次的口感各不相同，细饮慢品，徐徐体味茶之真味，方得茶之真趣 **收杯谢客** 1.红茶性情温和，收敛性差，易于交融，因此通常用之调饮，祁门工夫红茶同样适于调饮，清饮更能领略祁门工夫红茶先特殊的"祁门香"香气，领略其独特的内质、隽永的回味、明艳的汤色。感谢来宾的光临，愿所有的爱茶人都像这红茶一样，相互交融，相得益彰 冲泡红茶应注意以下事项： ①对水的要求：开水冲泡 ②茶叶量：每人用1茶匙的量 ③冲泡时间：冲泡时间则是从2分钟到3分半钟，依次递减。 ④冲泡次数：一般可冲泡2—3次 2.练习解说词 下发解说词，教师指导一次冲泡过程，并对相应动作进行解说。解说时，茶人的状态应姿态优雅、端庄，面带微笑，声音自然清晰、柔和、流畅，解说应与动作配合得天衣无缝学生分成小组来练习解说词，并记忆。同组进行比赛 3.茶艺表演综合排练：让我们也来完整地学一学、做一做、试一试。我是最棒的 教师指导每个步骤，并配以解说。学生们同老师一起分步进行分小组进行，三人一组分工合作，一人解说、一人行茶、一人敬茶。然后轮换角色 最后，分组展示排练成果，评选最佳组合，最佳行茶明星、最佳解说明星、最具礼仪风范奖	

活动环节	师生互动内容	教育设计
收拾整理 （10分钟）	教师指导学生整理学习用品及桌面卫生，学生之间相互帮助 1.清理、摆放用品。营造整齐美观的环境 2.播放清雅的音乐营造氛围（琵琶语）	以教会方法、形成习惯为目的，组织学生进行教学活动的物品整理。培养学生审美情趣和热爱劳动、有始有终的品德
课程总结 （10分钟）	学生用一句话说出自己的最大收获。教师总结本次活动的重点、难点。指导学生进行学习后的分享	鼓励学生及时总结自己所学、所想

课后作业
1.将红茶文化知识介绍给身边的好朋友 2.带回茶样，和家人品茶，并进行品鉴讲解 3.学习一款红茶知识，尝试了解茶的名字、产地、类别及品质特征

知识链接

世界三大高山红茶

世界三大高山红茶分别是祁门红茶、大吉岭红茶、斯里兰卡红茶

1. 祁门红茶

产于安徽省祁门、东至、贵池、石台、黟县，以及江西的浮梁一带。"祁红特绝群芳最，清誉高香不二门。"祁门红茶是红茶中的极品，享有盛誉，是英国王室的至爱饮品，高香美誉，香名远播，具有"红茶皇后"的美称。成品茶条索紧细苗秀、色泽乌润、金毫显露、汤色红艳明亮、滋味鲜醇酣厚、香气清香持久，具有独特的"祁门香"——似花、似果、似蜜。祁门红茶闻名于世，位居世界三大高香名茶之首

2. 印度大吉岭红茶

产于印度孟加拉邦北部喜马拉雅山麓的大吉岭高原海拔1800m以上的山区。当地年均温15℃左右，白天日照充足，但日夜温差大，谷地里常年弥漫云雾，这是孕育此茶独特芳香的一大因素。大吉岭红茶是小叶种茶树，外形条索紧细，白毫显露，香高味浓，鲜爽，发酵程度达80%左右，香气属高香类，被称为麝香葡萄香味茶，香气比较持久，滋味甘甜柔和，汤色清澈明亮，汤色橙黄红艳，令人赏心悦目，被世人誉为"茶中的香槟"

3. 斯里兰卡红茶

产于斯里兰卡，是一种茶的统称，又被称为"西冷红茶""锡兰红茶"，该名称源于锡兰的英文ceylon的发音。其主要品种有乌沃茶或乌巴茶、汀布拉茶和努沃勒埃利耶茶几种。乌沃茶非常适合清饮，饮者还能享有欣赏金光环汤面的乐趣，但因较涩，也常加鲜奶或柠檬再品味，适合于日间饮用。汀布拉茶含酚性物较少，适合做冰红茶，或加入薄荷、肉柱等香料，调制成加味红茶（努沃勒埃利耶茶亦宜清饮，淡雅别具一格）

三、黑茶名品——普洱茶

（一）历史发展

云南省位于中国西南边陲，是中国茶的原产地之一，也是黑茶普洱茶的故乡。普洱茶是中国特有茶叶品种，生产历史悠久。在商周时期，云南地区的少数民族先祖就已经开始制作茶叶，文献中有将茶叶进贡给周武王的记载。到了三国时期，诸葛亮征讨孟获时，遇到水土不服的士兵，也有让其饮用普洱茶的记载。到了唐代，随着茶马古道的发展，普洱茶开始在内陆以及国外流通起来，这促进了汉族和少数民族茶文化的发展。宋代，茶马贸易不断扩大。明代后期，普洱地区所产的茶被正式命名为"普洱茶"。在清代，赵学敏的《本草纲目拾遗》中有"普洱茶出自云南普洱府"之语。普洱市是云南的茶叶集散地，茶叶从这里远销各地。2008年5月，普洱茶被国家质检总局公告批准实施地理标志产品保护，同年8月，地理标志产品普洱茶国家标准正式实施。目前，云南全省80%以上的普洱茶销往全国各地及世界30多个国家和地区，在消费者中拥有较高的声誉与知名度。

（二）生长环境

云南省位于中国西南部，地处高原，但纬度较低，气候温暖湿润。这里山峦起伏，溪林纵横，是茶叶生长的一块宝地，普洱茶主要产于勐海、勐腊、普洱、耿马、沧源、双江、临沧、元江、景东、大理、屏边、河口、马关、麻栗坡、文山、西畴、广南、西双版纳等地。云南全省茶区海拔高度在1200—2000m，年平均气温在12—23℃，年降雨量在1000—1900mm，雨量非常充沛。当地的土壤多为红壤、黄壤和砖红壤，pH值为4—6，微酸性的土壤为茶树提供了适宜的生长环境。云南省有着丰富的茶树品种资源和茶树优良品种，有的野生茶树已经有2000多年的历史。迄今为止，勐海县仍生长有800多年的栽培型古茶树群，它们是茶树原产地云南省的"活化石"。

（三）制茶工艺

1.采摘

普洱茶树经过头年秋冬季的休养生息，茶树内营养充分，适合在惊蛰开始采摘。早春茶大规模开始采摘一般在春分时，清明过后10天左右结束。春茶一般在早春茶结束后开始采摘，一般在小满前一天结束。每年的 2 月下旬至 11 月都是普洱茶树的采摘时期，采摘多在春季进行，夏秋季节较春季少之。春茶一般多采摘一芽一叶，芽心细而白，夏秋茶多采摘一芽一叶初展。

2. 发酵

普洱茶有生茶和熟茶的区别，生茶和熟茶又称"青饼""熟饼"，20 世纪 70 年代以前的老茶基本以生普为主，是未经过发酵工序的，所以也可以说生普是绿茶。经过渥堆，茶叶加速陈化，发酵时间减短，这种茶被称为"熟茶"。普洱生茶的制作过程为鲜叶采摘、杀青、揉捻、晒干，即为生散茶，或叫晒青毛茶。把晒青毛茶高温蒸软，放入固定模具定型，晒干后成为紧压茶品，也就成了生饼，或各类型的砖、沱。普洱生茶饼颜色以青绿色、墨绿色为主，部分转为黄红色；汤色以黄绿色、青绿色为主，口感较刺激，性寒。普洱熟茶的制作过程为先通过鲜叶采摘、杀青、揉捻、晒干，制成生散茶或晒青毛茶，晒青毛茶再经人工快速后熟发酵、洒水渥堆，就形成熟散茶。普洱熟茶的色泽为黑色或红褐色，汤色发酵度轻者多为深红色，发酵度重者以黑色为主，滋味浓厚清甜，几乎不苦涩，耐冲泡。

（四）普洱茶代表

清雍正年间，云贵总督鄂尔泰在滇设茶叶局，统管云南省茶叶贸易。鄂尔泰勒令云南省各茶山茶园顶级普洱茶由国家统一收购，并挑选一流制茶师手工将其精制成饼，七饼一筐，谓之"七子饼茶"。

金瓜贡茶是现存的陈年普洱茶中的绝品，在港台茶界被称为"普洱茶太上皇"。金瓜贡茶的真品仅有两沱，分别保存于杭州中国农业科学院茶叶研究所与北京故宫博物院。

（五）课例

活动主题	普洱茶	活动类型	小组教学	时长	1.5 小时
活动目标	1.知识与技能：了解黑茶普洱茶的产地和历史，学习普洱的包装过程 2.过程与方法：通过识茶、品茶过程学会普洱茶的初步品鉴方法，通过观看普洱茶制作视频巩固学习成果 3.情感价值观：激发学生对中国茶的喜爱，提高学生学茶的兴趣				

活动内容	1.茶的文化：黑茶普洱茶的知识和文化 2.茶艺技能：普洱茶的生、熟辨识 3.实践活动：冲泡实践
教学重点	普洱茶的生、熟辨识
教学难点	普洱茶的冲泡
活动材料	1.普洱生茶、熟茶茶样，茶饼包装棉纸 2.中国地图 3.茶具 4.相关视频

活动过程		
活动环节	师生互动内容	教育设计
学习普洱茶的基本知识（20分钟）	1.教师引导学生观看茶样，认识什么是普洱茶。通过图片，引导学生探索黑茶文化历史、分类、产区等知识 普洱茶产自云南省的西双版纳、临沧、普洱等地区。茶树为大乔木，高达 16 米，嫩枝有微毛，顶芽有白柔毛，叶薄革质，椭圆形 以地理标志保护范围内的云南大叶种晒青茶为原料，按其加工工艺及品质特征，普洱茶分为生茶和熟茶两种类型 普洱是种名（普洱茶种）、地名（普洱县，今宁洱哈尼族彝族自治县）、茶类名（普洱茶）和品种名（普洱大叶种）的重叠 生茶自然转熟的进程相当缓慢，视保存环境条件需要八年左右。时间越长，茶体内的多酚类化合物的酶性和非酶性氧化越完全，其陈香越发醇和、稳健，但韵致活泼生动，这种活力即为茶人所称道的茶气。熟茶是指毛茶经过渥堆这项工序，通过湿、熟作用，以人工方式速成发酵，促进多酚类化合物非酶性自动氧化，转化茶叶内含物质，减除苦涩味，使滋味变醇，消除青臭气，缩短其陈化阶段，可直接显出外形色泽红褐、内质汤色红浓明亮、香气独特醇厚的特征 生茶和熟茶同时具有消脂、去腻、清热、消暑、消食、利水通便、祛痰、祛风解表、止咳生津、益力气、延年益寿等功效。熟茶茶性温和，可以降脂、降压、防治动脉硬化、预防便秘、利尿、养胃，适合多数人群，更适合中老年人群及胃寒等人群。生茶富含茶多酚，有清热、消暑解毒、止渴生津、消食通便等功效，适合年轻人群。不过生茶的活性成分较多，因此易失眠者、感冒发热者、胃溃疡患者不宜饮用	鼓励学生主动观察、积极探索，激发学生已有知识储备，进行知识文化学习。鼓励每一个学生参与互动

活动环节	师生互动内容	教育设计
普洱茶加工（10分钟）	2.播放视频 渥堆是熟茶制作过程中的独特工艺，是决定熟茶品质的关键点。渥堆是指将晒青毛茶堆放成一定高度，高度通常在70cm左右，后洒水，上敷麻布，在湿热作用下发酵24小时左右。生茶的茶叶以青绿、墨绿色为主、有部分转为黄红色，通常新制茶饼味道不明显，若经高温则有烘干香甜味。熟茶的茶叶颜色为黑或红褐色，有些芽茶则是暗金黄色，有浓浓的渥堆味，类似于霉味，发酵较轻者有类似龙眼的味道，发酵重者有闷湿的草席味	教师引导学生观察生普及熟普的加工特点
学习包装普洱茶饼（20分钟）	普洱茶散茶比较占地方，在运输过程中，茶中的原有香气容易挥发，而紧压茶则能保存时间长一些。从普洱茶越陈越香的品质来看，普洱散茶品质的转化速度要快于紧压茶，能在较短的时间内达到需要的品质效果，但时间再延长则色、香、味不易保存。所以普洱茶多做成饼状，历史上一饼重357g，七饼一挑，约是5斤，方便计算又便于运输 从普洱茶的后期存放时间长度来看，普洱紧压茶比普洱散茶更能保证品质 观看茶饼包装视频，学生进行动手体验 ①准备好包茶饼的纸，根据茶饼多大来定纸张的大小 ②把茶饼放到纸张的中央 ③把纸张的一个边对向茶饼 ④挨着刚刚对折地方，按住小边对折 ⑤小对折到一半的时候，把纸压平，并把到茶饼中央一样的小洞洞压住 ⑥开始对折另一半，把手压着茶饼中央的纸压着 ⑦然后对折，多出来的纸压到茶饼中央的窝窝中去	学生积极地探究，自主、合作参与学习过程。教师在参与的基础上指导，激发学习的内动力，让每个学生都能体会到动手操作的乐趣，感受传统技艺的独特魅力
品鉴名茶茶艺表演（25分钟）	1.备器：准备好器皿和茶叶 2.赏茶：欣赏普洱茶的外形、色泽 3.水：向茶壶中注入适量沸水，温壶，利用手腕力量摇动壶身，使其内部充分预热 4.温盅：将温壶的水过滤到茶盅中 5.温杯：将温盅的水低斟入品茗杯中，温杯 6.弃水：将温杯的水直接弃入水盂中 7.投茶：用茶匙将茶荷内普洱茶拨到茶壶中 8.注水：注入100℃的水温润茶叶 9.出水：将润茶的水迅速倒进茶盅中 10.注水：再次高冲注入100℃的水，至满壶浸泡茶叶 11.养壶：将润茶的水浇淋到紫砂壶上，养壶 12.出汤：2—3分钟后，即可出汤	通过冲泡环节放松一下学生的紧张状态。教师引导学生观察冲泡要点，为学生提供冲泡的环境和茶具让学生自主尝试冲泡，最后教师再以专业术语简单描述。表扬泡的最好、动作最优美的同学，提升学生的自信心和学习积极性

活动环节	师生互动内容	教育设计
品鉴名茶 茶艺表演 （25分钟）	13.斟茶、品饮：将茶盅内泡好的茶汤，低斟入品茗杯中，邀客品饮 小提示： 1.普洱茶茶汤橙黄浓厚，香气持久，香型独特，滋味浓醇，经久耐泡 2.普洱茶既可清饮，也可混饮。清饮指不加任何辅料来冲泡，多见于汉族；混饮是指在茶中添加辅料，多见于香港、台湾，如香港在普洱茶中加入菊花、枸杞、西洋参等养生食料 3.冲泡普洱的水一般都要求在100℃左右，而普洱茶又较为耐泡，所以很多人在泡茶时会反复将水烧开。其实反复烧开的水是不适宜再泡茶的，在水分不断蒸发的过程中，水中盐类的浓度增大，用这样的水泡茶，不仅影响茶的口感，还会对身体造成不良影响	
收拾整理 （10分钟）	教师指导学生整理学习用品及桌面卫生，学生之间相互帮助	以教会方法、形成习惯为目的，组织学生整理教学活动的物品，培养学生审美情趣和热爱劳动、有始有终的品德
课程总结 （5分钟）	1.学生用一句话说出自己的最大收获。教师总结本次活动的重点、难点，指导学生进行学习后的分享 2.师生行鞠躬礼结束活动 ①鼓励每名学生都发言 ②教师简短点评，鼓励学生的优点，修正学生的错误 ③以礼结束活动	特别重视品德的教育

课后作业
1.练习普洱茶饼的包装方法 2.带回茶样，和家人品茶，并进行品鉴讲解

知识链接

黑茶新贵——金花茯砖

茯砖茶，作为黑茶中的贵子，最独特之处就在于其具有的"金花"成分。所谓"金花"，就是在原料的加工中通过"发花"这么一道特殊的程序，专门在黑茶的茶砖块中培养一种叫作"冠突散囊菌"的冠突曲霉物质，俗称为"金花"，这是国家二级机密保护菌种，在自然界只有千年灵芝才有。"金花"干嗅便具有一种黄花的淡淡的清香味道，而泡饮带有这种特殊菌类的茯茶时，那种花香便融入茶汤之中，化作茶的滋味而使之更加醇厚微涩、清纯淡雅、口感强劲。当然，茯茶还可以有效地调节新陈代谢，起到保健作用

四、白茶名品——白毫银针

题白毫银针（宋·江南雨）

太姥山高清露寒，烟霞深处植幽兰。

乍舒乍卷还羞涩，素面佳人未许看。

这首诗说的是白茶中的白毫银针。白毫银针，也是历史名茶，原产地在福建，主要产区为福鼎、柘荣、政和、松溪、建阳等地，亦称"银针白毫"，外形单芽肥硕，遍披白毫，挺直如针，色白似银；冲泡后汤色浅杏黄、清澈明亮，香气清鲜显毫香，滋味清甜鲜醇，叶底肥嫩柔软匀亮；茶在杯中冲泡芽芽挺立，令人赏心悦目，素有"茶中美女"之称。

（一）历史发展

清嘉庆元年（1796），福建制茶人创制白毫银针。白毫银针早在1891年开始外销。1912—1916年为极盛时期，当时福鼎市与松政县（今政和县和松溪县）两县市年产各1000余担茶叶，但受第一次世界大战影响，外销路受阻。改革开放后，白毫银针获得了更好的发展，1982年被商业部评为全国名茶。

（二）制茶工艺

白毫银针加工工艺流程：鲜叶采摘→萎凋（并筛、拣剔）→干燥。

白毫银针的鲜叶原料一般是采自福鼎大白茶和福鼎大毫茶等少数茶树上面的肥芽，采摘的茶芽以春茶第一、二次的顶芽的品质最好，制成的成品茶的品质也是最佳的。第三、四轮采摘的茶芽相比前两次要小得多，偏细，制作出来的白毫银针的品质也不如前两次的。到了夏秋季节，茶树上茶芽较小，制成的茶品不佳，一般不进行采摘。在冬季的时候，要加强对茶树的管理，使得第二年长出的茶芽品质更好。白毫银针的采摘十分细致，要求极其严格：雨天不采，露水未干不采，细瘦芽不采，紫色芽头不采，风伤芽不采，人为损伤芽不采，虫伤芽不采，开心芽不采，空心芽不采，病态芽不采，只采肥壮的单芽头。如果采回一芽一、二叶的新梢，则只摘取芽心，俗称之为"抽针"（即将一芽一、二叶上的芽掐下，抽出做银针的原料，剩下的茎叶做其他花色的白茶或其他茶）。这样层层挑拣选拔，一道道工序的严格要求，最终才成就珍贵无比的白毫银针。

白毫银针的制法特殊，工艺简单。制作过程中，不炒不揉，只分萎凋和烘焙两道工序，使茶芽自然缓慢地变化，形成白茶特殊的品质风格。明朝文学家田艺蘅在《煮泉小品》中曾这样记载："生晒茶沦之瓯中，则旗枪舒畅，青翠鲜明，尤为可爱。"这里的"旗枪"指的正是白毫银针，也指出了白茶的工艺特点——生晒。白毫银针的具体制法是：采回的茶芽，薄薄地摊在竹制有孔的筛上，置微弱的阳光下萎凋、摊晒至七八成干，再移到烈日下晒至足干。制法也有在微弱阳光下萎凋两小时，再进行室内萎凋至八九成干，再用文火烘焙至足干。还有直接在太阳下曝晒至八九成干，再用文火烘焙至足干。在萎凋、干燥过程中，要根据茶芽的失水程度进行调节，工序虽简单，要正确掌握亦不易，特别是要制出好茶，比制作其他茶类更为困难。

（三）保健功效

白茶的药效性能很好，民间有"一年茶，三年药，七年宝"的说法。白茶具有解酒醒酒、清热润肺、平肝益血、消炎解毒、降压减脂、消除疲劳等功效，尤其针对烟酒过度、油腻过多、肝火过旺引起的身体不适、消化功能障碍等症，具有独特、灵妙的保健作用。六大茶类中的白茶被人们誉为"抗老冠军"，喝白茶抗衰老的秘方，主要源于白茶中所含的黄酮类物质。

（四）课例

活动主题	白毫银针		活动类型	小组教学	时长	1.5小时
活动目标	1.知识与技能：了解白茶白毫银针的相关知识，练习白毫银针的冲泡方法 2.过程与方法：通过比较，对白毫银针的不同等级有初步的辨别 3.情感价值观：激发学生对白茶的喜爱，初步感受茶的魅力，以及对茶人的敬佩之情					
活动内容	1.茶的文化：白毫银针的知识与文化 2.茶艺技能：白毫银针的冲泡方法					
教学重点	1.掌握初步的白茶的知识与文化 2.会用玻璃杯冲泡白毫银针					
教学难点	通过比较了解白毫银针的等级					
活动准备	1.学生注重着装，准备笔、本 2.玻璃杯、随手泡 3.不同等级的白毫银针 4.相关视频					

活动过程		
活动环节	师生互动内容	教育设计
课程引入 （5分钟）	教师朗诵《题白毫银针》，学生齐诵 白毫银针，素有"茶中美女""茶王"之美称，其外观特征挺直似针，满披白毫，如银似雪	通过诗词学习积淀传统文化知识，引入本节课主题：白毫银针
学习白毫银针的基础知识 （10分钟）	图示白毫银针的产地，请同学们结合地理特征，分析白毫银针的成茶优势 福鼎市属于亚热带季风气候，雨量充足，依山傍海，境内山丘地约占陆地总面积的91%，大多海拔500—800m，盆谷平原约占9%，峰峦起伏，气候较温和，年平均气温18.5℃，年平均降雨量1600mm，土壤以红、黄壤为主，土壤较肥沃，适合茶叶的生长，素有"白茶之乡"称号	与地理学科综合，同学们已经学习了很多茶区的土壤类型、气候特点，可以进行比较总结，感受"好山好水好茶"
了解白茶的加工 （10分钟）	学生观看视频，了解白茶的加工工艺 按照加工工艺不同，白茶可分为传统白茶、新工艺白茶及白茶紧压茶三类。传统白茶按照品种与采摘标准不同分为白毫银针、白牡丹、贡眉、寿眉；新工艺白茶是在传统白茶萎凋工艺后，进行轻揉捻制成；白茶紧压茶则以各类白茶散茶为原料，经蒸湿、压制等工艺制作而成，产品有圆饼形、方形、柱形等多种形状和规格	相关知识技能的拓展，和其他茶品的加工工艺进行比较，提高学习分析能力
白毫银针的等级辨识 （20分钟）	题目：假如摆在你面前有两款白毫银针，你认为哪一款更好？ 选项A：单芽，芽头纤细瘦长，白毫丰富，整齐划一 选项B：一芽一叶，白毫翠叶，芽头不怎么整齐 我想大多数的茶友会选择选项A。为什么呢？ 因为它满足了人们心中对白毫银针的定义。白毫银针，因名字便可联想出如针的单芽，针针分明，饱满整齐，那一定是茶中极品。所以，选项A是我们理想的白毫银针的模样。而选项B看上去至少要比选项A低一级，因为它有叶子，而且看上去并不齐整，长相也是马马虎虎 现在要公布答案了：选项B的白毫银针更优质所以说颜值至上的规律并不适用于茶界 答疑解惑：选项A中的白毫银针芽头纤细瘦长，白毫丰富，那是白毫银针中尾针的标准长相	白毫银针的等级涉及概念较多，可结合茶样和制茶视频加以讲解，使同学们初步了解白毫银针的辨识要点

活动环节	师生互动内容	教育设计
白毫银针的 等级辨识 （20分钟）	所谓尾针，是每年白毫银针采摘季，最末尾那几天采摘下来的银针。既然有尾针，自然就有头采针 头采针，顾名思义，就是春茶季头几天采下来的白毫银针 选项B，就是顶级的白毫银针——头采针 头采针，是春茶发出来的第一批芽头，由于茶树休养生息了整整一个冬天，养分吸收并不均匀，所以，头采针生长出来的芽头也参差不齐。在珍贵的头采针里，有一些白毫银针芽头微小，大概只有米粒般大，被称为米针，是珍品中的珍品，营养价值和口感自然也是顶级的 尾针的采摘时间大概是三月底，是茶树发出的最后一批芽头，就像美食香椿一样，第一茬香椿芽一定是最香浓美味的，而二茬三茬则味淡梗硬，紧接着就会长出粗枝大叶。白毫银针的尾针为最后一茬芽头，滋味和营养自然比不过头采针。同理，尾针采摘过后，就要采摘白茶叶片，这时候采摘的白茶就是牡丹王级别 尾针采下后本也含有叶片，为了让它仍然可以当作银针销售，有的商家会把尾针上带着的叶片拔掉，只留下单独的芽头。这一个动作，叫作抽针 所以，最优质的白毫银针是参差不齐并带着小叶壳的，颜色稍显翠绿，如同芽头的披风。而看起来漂亮的纯芽头，只有针身，没有叶壳，只不过是被人工修饰的尾针	
品鉴名茶 （40分钟）	1.教师示范冲泡白毫银针的茶具通常是无色无花的直筒形透明玻璃杯，品饮者可以从各个角度欣赏到杯中茶的形色和变幻的姿色。冲泡白毫银针的水温以90℃左右为好，其具体冲泡程序如下 ①备具：透明的玻璃杯 ②赏茶：用茶匙取出白毫银针少许，置于茶荷供宾客欣赏干茶的形与色 ③烫具：用沸水将空的玻璃杯冲烫一遍，其目的是提升玻璃杯的温度，能够使白毫银针的香气得到最大限度的释放 ④投茶：取白毫银针3g，置于玻璃杯中 ⑤润茶：注入少许热水，让杯中茶叶浸润10秒钟左右 ⑥注水：用回旋斟水法向杯中注入热水至七分满 ⑦奉茶：有礼貌地用双手端杯奉给宾客饮用 ⑧欣赏：白毫银针冲泡开始时，茶芽浮在水面，2分钟后，才有部分茶芽沉落杯底，此时茶芽条条挺立，上下交错，犹如雨后春笋 ⑨品茶：约5分钟后，汤色呈淡淡的杏黄色。随着袅袅上升的热气，一股鲜嫩的毫香喷涌而出。汤水入口纯	冲泡环节是在教师示范后，让学生在小组中练习。一人练习，其他人认真观看，纠正手法。在熟练后，如果能边冲泡，边配合解说词，就更能体现冲泡时的美好意境通过品茗环节放松一下学生的紧张状态。让学生自主尝试，最后教师再以专业术语简单描述

活动环节	师生互动内容	教育设计
	净爽朗，鲜嫩的毫香非常明显，自带一股高雅清鲜之感，就像一位披着绿衣白纱的女子漫步于水面如镜的湖边，清新自然干净。白毫银针入口的鲜爽，绝不仅仅只在于这一口"鲜"，还多了一口来自嫩芽精制而成所特有的柔滑甘甜，这是一种不苦不涩的醇，非常难得。而毫香过后则是特有工艺带来的清冽花香，细细幽幽，钻入鼻尖，沉入心底，令人舒畅 2.学生练习冲泡	
课程总结 （5分钟）	1.学生用一句话说出自己的最大收获。可以写一写，或者画一画 2.教师总结本次活动的重点、难点。指导学生进行学习后的分享	鼓励学生及时总结自己所学、所想。通过每人一句话了解学生的关注点、兴趣点

<table>
<tr><td colspan="3" align="center">课后练习</td></tr>
</table>

1.练习白茶的冲泡，和绿茶进行比较、分辨
2.了解白茶的储存条件

<table>
<tr><td colspan="3" align="center">知识链接</td></tr>
</table>

新白茶和老白茶的区别

1.储存时间不同

一般茶叶的保质期为两年，如果过了两年的保质期，即使保存得再好，茶的香气也消失殆尽，但白茶不同。白茶储存的年份越久茶味就越醇厚和香浓，在喜爱白茶的茶友圈子里，流传着一句话叫"一年茶，三年药，七年宝"，说的是在正确的储存条件下，白茶存放的时间越久价值越高。一般五六年的白茶就可算老白茶，十几年二十年的老白茶比较难得。在多年的存放过程中，茶叶内部成分缓慢地发生着变化，香气成分逐渐挥发、汤色逐渐变红、滋味变得醇和，茶性也逐渐由凉转温

2.外形及茶叶香味区分

从外形上区别，老白茶整体黑褐暗淡，但依然可从茶叶上辨别些许白毫，轻闻慢嗅，陈年幽香阵阵，毫香浓重但不浑浊，可立时令人醒神；新茶泛指当年的明前春茶，一般有白毫、白牡丹等等，茶叶外形褐绿或灰绿，针白且白毫满布，特别是阳春三月采制的白茶，叶片底部及顶芽的白毫较其他季节所产的更为丰厚。好的白茶香气中毫香是必不可少的，同时夹杂着清甜味和茶青的味道

3.茶水及茶香不同

用90℃到95℃的开水泡制老白茶和新茶茶叶，茶水分别倒于瓷器小茶杯中，接着就是闻香品茗了。老白茶的香气清幽略带毫香，且头泡带有淡淡的中药味，数秒亦可醒神，口味醇厚带有清甜充斥于口中；新茶毫香幽幽，带有鲜爽滋味，口感较为清淡，有茶青的生叶味，清甜回甘，茶香怡人。老白茶茶汤颜色较新茶的杏黄色深

知识链接
4. 茶叶的耐泡程度 老白茶耐冲泡，在普通泡法下可达二十余泡且滋味尚佳，有条件的可以用来煮，老白茶用紫砂壶煮才能完全显现出它的神韵和精髓；新茶可依从个人习惯泡，七泡且滋味尚佳者为新茶上品

五、青茶名品——大红袍

大红袍不是红茶，而是属于六大茶类中的青茶。乌龙茶亦称"青茶"，属半发酵茶，有"美容茶"之美称。

（一）历史发展

宋元时期的贡茶一直为龙凤团茶，但到了明朝，由于明太祖朱元璋觉得龙凤团茶工艺繁复，徒耗民力，因而下令罢贡，龙凤团茶也随之消失。不过茶业仍在发展，一方面是云南茶马古道上发酵茶普洱茶的运送川流不息；另一方面，诸如龙井、碧螺春之类的非发酵绿茶开始崛起。在原来生产龙凤团茶的武夷山地区，则出现了一种既不同于绿茶，又不同于普洱茶的半发酵茶，这就是最早的乌龙茶。"臻山川精英秀气所钟，品具岩骨花香之胜"，这是唐朝徐黄对它留下的评语；宋朝苏轼的咏茶诗中有"武夷溪边粟粒芽，前丁后蔡相宠加"一句；范仲淹斗茶歌云："年年春自东南来，建溪先暖水微开，溪边奇茗冠天下，武夷仙人自古栽。"这都是在夸赞武夷茶品之佳。

乌龙茶在我国六大茶类中输出比较早，是最早传入欧洲的一种茶类。明末清初郑成功谋士阮旻锡写的《安溪茶歌》载："西洋番舶岁来买，王钱不论凭官牙。溪茶遂仿岩茶样，先炒后焙不争差。""岩茶"即乌龙茶中的武夷茶。1751—1760 年，英国东印度公司从中国进口茶叶 3700 余万磅，其中武夷茶 2363 万磅，占总输入量 63%。可见，此时输入英国的茶叶是以武夷茶为主。其时伦敦茶价很高，茶叶往往被浸泡数次，以尽取其味，一般以武夷茶泡三次，工夫茶泡两次为常例。武夷茶在此期间名扬海外，被誉之为"东方美人"。除了欧洲，1874—1875 年，美国从厦门进口的乌龙茶竟达 7645.384 万磅。可以说，19 世纪是乌龙茶、武夷茶风靡欧美的时期。乌龙茶以茶叶为载体传至西方各国，为丰富与发展世界文化做出了重大贡献。

（二）生长环境

乌龙茶的主要产地为福建、广东和台湾，主要品种有武夷岩茶和安溪铁观音、凤凰单枞、冻顶乌龙等。以武夷茶区为例，此茶区的特色是岩岩有茶，茶各有名。正岩区因为岩石多，土层薄，高大树木很少，多为矮小乔木和灌木丛，其中有许多桂花和杜鹃；而在岩壁和溪涧边，则有许多野生四季兰和菖蒲。这一来，一年四季，茶区的空气中始终弥漫着一股清新的花香，对岩茶的香型产生一定影响。正岩茶区另一大特点就是空气湿度大，因为多在峡谷间，云雾易聚难散，年平均湿度在80%左右，为茶树提供了特别优越的生长条件。所以，即使是同一品种茶树，种在不同的地方，也会有不同的品质。

（三）制茶工艺

乌龙茶在采制上有特殊之处，春天和冬天都是最佳时节，味道和香气都达到最佳；如若在秋天采制，茶的质量则会大打折扣。夏季一般不是制茶的时节，但是白毫乌龙却一定要在夏季采制。乌龙茶的制作工艺包括萎凋、做青、炒青、揉捻、干燥，其中做青一步是乌龙茶制作的关键，保证了乌龙茶的品质。做青由摇青和晾青两个过程组成。萎凋后的茶叶置于机器中摇动，叶片互相碰撞，擦伤叶缘细胞，从而促进酶促氧化作用。机器摇动后，叶片由软变硬。再静置一段时间，氧化作用相对减缓，使叶柄叶脉中的水分慢慢扩散至叶片，此时鲜叶又逐渐膨胀，恢复弹性，叶片变软。经过如此有规律的动与静，茶叶发生了一系列生物化学变化。叶缘细胞被破坏，发生轻度氧化，叶片边缘呈现红色；在叶片中央部分，叶色由暗绿转变为黄绿，即所谓的"绿叶红镶边"。同时，水分的蒸发和运转，有利于香气、滋味的扩散。成茶品质风味介于红茶和绿茶之间，既有红茶的浓鲜味，又有绿茶的清芬香。品饮后齿颊留香，回味甘鲜，并有耐泡的特点。

武夷岩茶有"活、甘、清、香"的特色。"活"是指茶品能"活色生香"，"甘"是指品饮时甘馨可口、舌根回甜，"清"是指泡饮时色清不浊，"香"是指品饮时有鲜花或焦糖香味，冲饮数次，尚能余芳犹存。

（四）青茶代表

武夷山大红袍为武夷岩茶四大名枞之首，素有"茶中之王"的美誉。大红袍最大的特点就是性质温和，适合四季饮用，还有突出的健胃养胃功效，肠胃不好和寒气重的人可饮用。

历史上被公认的大红袍，仅是九龙窠岩壁上的4棵。最好的年份，茶叶产量也不过几百克，民国时一斤就值 64 块银圆，折当时大米 4000 斤。1972 年，美国总统尼克松访问中国时，毛泽东主席赠送他 4 两大红袍母株茶叶。传言中，由于尼克松不知大红袍母株产量少、极为珍贵，收到礼物之后不太高兴，觉得这礼物送得未免有点小气。当时，周恩来总理察觉到了尼克松的小情绪，上前解释道："武夷山的大红袍，是中国历代皇家贡品，一年产量只有 8 两，主席送了您 4 两，正是'半壁江山'呀！"尼克松听后立刻肃然起敬。这 4 两武夷山大红袍，成就了一段大国外交佳话。

1980 年，在九龙窠陡峭绝壁上，人们在大红袍母树原台面东侧依地势连接新砌小台阶两级，分别将母树 1、2 号压条移栽，每台各植一株。这样，算上原来的 4 株，加上新植的 2 株，大红袍母树现在共 6 株。坝栏内，有岩缝沁出的泉水滋润，不施肥料，生长茂盛。2000 年，武夷山申报"世界自然和文化遗产"成功后，武夷山大红袍母树就被《福建省武夷山世界文化和自然遗产保护条例》列为重点保护对象。

（五）课例

活动主题	大红袍		活动类型	小组教学	时长	1.5 小时
活动目标	1.知识与技能：学习青茶、岩茶的分类 2.过程与方法：借助课件，通过教师讲授和示范，学生实践，学习冲泡大红袍 3.情感价值观：感受大红袍的价值所在，进一步激发学生学习茶文化知识的兴趣					
活动内容	1.茶的文化：大红袍的故事介绍 2.茶艺技能：大红袍的冲泡及解说 3.实践活动：冲泡实践，主动了解其他岩茶					
教学重点	1.了解一些大红袍的知识与文化 2.学习冲泡大红袍					
教学难点	学生学会大红袍的冲泡步骤					
活动材料	1.茶具 2.大红袍、铁观音 3.采茶制茶视频					

活动过程		
活动环节	师生互动内容	教育设计
新课引入 （15分钟）	1.PPT 播放音频 相传乾隆年间，一名叫苏龙的将军归隐山林，住在福建。将军善于打猎，肤色黝黑，人们都叫他乌龙，一日他在采摘完茶叶后继续打猎，茶叶在腰间的茶篓中上下摇晃碰撞，	知晓大红袍茶故事，感悟茶文化的内涵

活动环节	师生互动内容	教育设计
	回家后又忘了制茶,隔天再制茶,发现这个茶味道清香醇厚,而且没有苦涩味,从此这种茶开始流行起来,并且以将军的名字给这种茶命名,称其"乌龙茶" 2.教师提问 故事中讲的乌龙茶是六大茶类中的什么茶? 关于故事中所讲的茶,你了解到什么?	
合作探究 了解品质 (15分钟)	1.针对青茶的产地、加工、代表品种,绘制思维导图 这节课我们着重了解武夷岩茶大红袍。你认为应该从哪些方面了解茶的品质特征呀? 我们怎样了解这些品质呢?(赏干茶、品茶汤、看叶底) 下面就以小组为单位进行探究,完成学习单 2.研习汇报:随着学生的汇报,PPT出现学习单,完成选项 小组合作学习单 | 品质特征		
外形	1.条索紧结(√)2.紧直扁平( )
色泽	1.翠绿油润( )2.绿褐鲜润(√)
香气	1.高而持久(√)2.香气粗浓( )
汤色	1.橙黄明亮(√)2.黄绿明亮( )
滋味	1.音韵明显( )2.岩韵明显(√)岩骨花香
叶底	1.软亮偏红(√)2.翠绿匀整( )		学生分组开展学习。鼓励学生主动观察、积极探索,激发学生已有知识储备,以团队荣誉为激励进行知识文化学习。鼓励每一个学生参与互动
观看视频 了解工艺 (15分钟)	1.形成这些品质特征与什么有关?(加工工艺) 下面我们了解一下大红袍的加工工艺,想一想哪道工序与形成的哪个品质特征相关? 2.PPT播放加工工艺视频 传统的烘焙技术(与木有关的炭香和火香);摇青(促使氧化,叶缘细胞受损)	教师引导学生观察大红袍的加工特点
	泡武夷岩茶的茶器以紫砂壶和白瓷盖碗为佳,教师可进行演示或借助茶艺表演视频讲解冲泡要点 1.洗杯:用滚烫开水冲洗茶具的盖碗、茶海及杯子,进行洗杯、温杯 2.落茶:用茶勺把大红袍茶叶放入盖碗茶壶,茶量约7.5—8g,占茶具容量的1/5左右 3.洗茶:用沸水高冲入盖碗茶壶,水满略溢出,刮去盖碗茶壶表面的泡沫,在大红袍茶叶未张开的时候将这第一	

活动环节	师生互动内容	教育设计
教师示范 冲泡流程 学生学习 （35分钟）	道茶水倒入茶海，漱杯。一般大红袍第一道茶水是不喝的 4. 冲茶：把滚开的水高冲入盖碗茶壶，悬壶高冲使大红袍茶叶随着冲水转动，满后盖住，悬壶高冲 5. 出水低斟倒茶：依照泡饮者的口味习惯决定出水时间，大约泡一、二分钟后，把大红袍茶水倒入茶海，再依次巡回注入宾客的茶杯里。一般来说出水时间以第一次1分钟、第二次1.5分钟、第三次2分钟较适宜，根据个人口味和水温的冷热，优质武夷岩茶大红袍可以冲泡10次以上，茶中少有 6. 品茶：头泡汤、二泡茶、三泡四泡是精华，趁热细啜，先嗅其香，后尝其味，边啜边嗅，浅斟细饮。第二道茶水重点放在茶味上，茶味是否醇厚，是否有较明显的苦涩味或杂味，茶汤虽吞下而口腔似有物留下，较原来有沉的感觉。第三道茶水重点在"韵"字上下功夫，大红袍茶汤在口腔中是否有鲜爽感，有一种天然韵味，在喉头有润滑爽口之快感，武夷岩茶大红袍讲究"岩骨花香"，感受喉韵、咀底、杯底香 特别说明：接受敬茶时，不必起身迎接，只要以食、中二指轻轻敲桌，既表谢意；端茶杯时，宜用拇指和食指扶住杯身、中指托住杯底。如此端法，即稳妥，又高雅，喻为"三龙护鼎"	冲泡环节是在教师示范后，让学生在小组中练习。一人练习，其他人认真观看，纠正手法。在熟练后，可以边冲泡、边配合解说词。通过品茗环节放松一下学生的紧张状态。让学生自主尝试，最后教师再以专业术语简单描述
拓展延伸 引发思考 （10分钟）	1. 汇报收获，说说这节课你有什么收获？ 2. 补充资料 在地方献给清朝乾隆皇帝的礼单中，曾有"碧螺春20斤、龙井30斤、大红袍8两"的记录，足以说明大红袍母树之珍贵。2006年起，武夷山对大红袍母树实行特别管护：停止采摘大红袍母树茶叶，确保其良好生长；茶叶专业技术人员对大红袍母树实行科学管理，并建立详细的管护档案；严格保护大红袍母树周边的生态环境。2005年5月3日最后一次采摘自福建武夷山350年母树的大红袍茶叶20g，由武夷山市人民政府赠送给中国国家博物馆珍藏。2007年10月10日10时10分，"乌龙之祖 国茶巅峰——武夷山绝版母树大红袍送藏国家博物馆"仪式在紫禁城外的端门大殿举行 3. 看过这段文字，相信你有新的思考，把你的思考写在收获卡上 4. 汇报收获，把收获卡贴在黑板上。（学茶中获得乐趣，品茶中感悟人生）	关注学生的收获和学生的思考，发现新的教育契机

课后作业
1. 将茶文化知识介绍给自己身边的 3 位家人或好朋友 2. 学生自主查找其他的岩茶，尝试了解茶的名字、产地、类别及品质特征

知识链接
凤凰单枞 凤凰单枞，属乌龙茶类，主要产于广东省潮州市凤凰山。单枞茶通过在凤凰水仙群体品种中选拔优良单株茶树，经培育、采摘、加工而成。因成茶香气、滋味的差异，当地习惯将单枞茶按香型分为黄枝香、芝兰香、桃仁香、玉桂香、通天香等多种。单枞茶实行分株单采，当新茶芽萌发至小开面时，即按一芽二三叶标准，用骑马采茶手法采下，轻放于茶罗内。有强烈日光时不采、雨天不采、雾水茶不采的规定。一般于午后开采，当晚加工，制茶均在夜间进行。经晒青、晾青、碰青、杀青、揉捻、烘焙等工序，历时 10 小时制成成品茶。其外形条索粗壮，匀整挺直，色泽黄褐，油润有光，并有朱砂红点；冲泡清香持久，有独特的天然兰花香，滋味浓醇鲜爽，润喉回甘；汤色清澈黄亮，叶底边缘朱红，叶腹黄亮，素有"绿叶红镶边"之称。具有独特的山韵品格

六、黄茶名品——君山银针

黄茶是一种历史悠久的中国特有茶类，产地分布在湖南、安徽、四川、浙江等地。湖南岳阳为中国黄茶之乡。

（一）历史发展

望洞庭（唐·刘禹锡）

湖光秋月两相和，潭面无风镜未磨。

遥望洞庭山水翠，白银盘里一青螺。

这首古诗描述的是湖南省北部洞庭湖中的君山。这里盛产中国名茶——君山银针。君山银针茶在 1956 年参加德国莱比锡博览会，因芽头肥硕壮实，芽身黄似金、茸毫白如玉而获金质奖章，享有"茶盖中华、价压天下"之盛誉。

（二）黄茶分类

黄茶按鲜叶老嫩、芽叶大小又分为黄芽茶、黄小茶和黄大茶。黄芽茶主要有君山银针、蒙顶黄芽和霍山黄芽、远安黄茶；黄小茶有沩山毛尖、平阳黄汤、雅安黄茶、稀归黄茶；黄大茶主要包括安徽的"皖西黄大茶"，安徽金寨、霍山、六安、岳西和湖北英山所产的"黄大茶"和广东韶关、肇庆、湛江等地的"广东大叶青"。黄茶的典型品质特征是"黄汤黄叶"，香气清悦，滋味醇厚。

（三）制茶工艺

黄茶加工的基本工艺流程为：鲜叶→杀青→揉捻→闷黄→干燥。黄茶在采摘时需要非常谨慎，是用手指捏住茶叶拽，不能用"掐"，不然会留下掐痕，使茶叶变黑，从而影响茶叶的颜色和形状。人们在炒青绿茶中发现，由于杀青、揉捻后干燥不足或不及时，叶色就会变黄，于是就产生了新的品类——黄茶类。可以说，黄茶的制作工序和绿茶相似，都有杀青、揉捻、干燥，只是黄茶比绿茶多了一道闷黄的工艺，正因此，黄茶比绿茶多了一份醇和，少了一份刺激。闷黄是黄茶加工的关键工序，是形成黄茶特点的关键，主要做法是将杀青和揉捻后的茶叶用纸包好，或堆积后以湿布盖之，时间以几十分钟或几个小时不等，促使茶坯在水热作用下进行非酶性的自动氧化，形成黄色。

（四）黄茶代表

1. 黄芽茶代表——君山银针

君山银针以色、香、味、形俱佳而著称，产于湖南岳阳君山，位于洞庭湖中的小岛。君山是我国主要名茶产区，产茶历史悠久，唐代就已产茶并出名。君山茶因茶叶满披茸毛，底色金黄，冲泡后如黄色羽毛一样根根竖立而一度被称为"黄翎毛"。相传文成公主出嫁西藏时就选带了君山茶。乾隆皇帝下江南时品尝到君山银针，大加赞赏，将其列为贡茶。君山银针全由粗壮的单芽组成，外形直而不曲，满披茸毛，色泽金黄，又被称为"金镶玉"。君山银针内质香气清醇，汤色杏黄明亮，滋味醇和、鲜爽、甘甜。冲泡时芽头直挺竖立杯中，徐徐下落，十分美观，也被称为"会跳舞的茶"。

君山银针的鲜叶要在清明前后3—4天，茶树刚冒出一个芽头时采摘，单个芽头为原料，要求长25—30mm，并带有2—3mm长的芽柄。

君山银针的加工工序主要有杀青、摊晾、初烘、初包、复烘、复包、干燥、分级。初包和复包是闷黄工序。

（1）杀青

先将锅壁磨光擦净，保持锅壁光滑，开始锅温为 120℃—130℃，后期适当降低温度。每锅投叶量 300g 左右，叶子下锅后用手轻快翻炒，切忌重力摩擦，以免芽头弯曲、脱毫、色泽变暗。经 4—5 分钟，视芽蒂萎软、青气消失、茶香显露，减重率达 30% 左右时，即可出锅。

（2）摊晾

将杀青后的芽头置于竹制盘中，先扬簸 10—12 次，然后摊晾 3—4 分钟即可。

（3）初烘

将摊晾后的芽头置于竹制小盘（直径 47cm, 内糊两层牛皮纸）放在焙灶上，用木炭火初烘，温度 50℃—60℃，烘焙 15—16 分钟，每隔 2—3 分钟翻一次，烘至五六成干下烘。

（4）初包

下烘后的茶芽摊晾 2—3 分钟后，取 1.0—1.5kg 用双层牛皮纸包成一包，置于无异味的木制或铁制箱内，放置 48 小时左右，使茶芽在湿热作用下变黄，以芽色呈现橙黄时为宜。

（5）复烘

烘量比初烘多一倍，火温 45℃左右，每隔 5—6 分钟翻一次，促使进一步挥发水分，烘至七八成干为止。

（6）复包

复烘后的茶芽摊晾后，用三层牛皮纸包好，以促使黄茶有效成分的继续形成，弥补初包时黄变程度之不足，历时需 24 小时左右，以茶芽色泽金黄、香气浓郁为适度。

（7）干燥

干燥的温度掌握在 40℃—50℃, 烘至足干即可。可以进一步发挥茶香。

（8）分级

按芽头的肥瘦、曲直，色泽的黄亮程度进行分级。完成分级的茶叶用纸包好，放于铁箱内，密封保存。

2. 黄小茶代表——湖北鹿苑茶

鹿苑茶又称"鹿苑毛尖"，产于湖北远安鹿苑一带，这里气候温和、雨量充沛，所产茶叶品质优良。鹿苑茶条索紧结弯曲呈环状，色泽金黄，白毫显露，清香持久，滋味醇厚回甘，汤色杏黄明亮，叶底嫩黄匀整，被誉为湖北茶中佳品。

鹿苑茶的鲜叶采摘从清明开始至谷雨结束，一般是上午采，下午摘短（将大的芽叶摘短），晚上炒制。采摘标准为一芽二叶，要求鲜叶细嫩、新鲜，不带鱼叶、老叶、茶果，保证鲜叶的净度。

苑茶的加工工序为杀青、二炒、闷堆、三炒四道工序。

（1）杀青

炒时要快抖多闷，锅温要求160℃左右，先高后低。每锅投叶量为1.0—1.5kg，抖闷结合。杀青6分钟左右，至芽叶萎软如绵，折梗不断，五六成干时起锅，趁热闷堆15分钟左右，然后散开摊放。

（2）二炒

锅温100℃，每锅投入湿坯叶1.0—1.5kg，适当抖炒散气，并开始整形搓条，要轻揉、少搓，以免挤出茶汁，使茶条变黑。炒15分钟左右，茶坯达七八成干时出锅。

（3）闷堆

闷堆是鹿苑茶品质形成的重要工序。将茶坯堆积在竹盘内，上盖湿布，闷堆5—6小时，拣剔去杂。

（4）炒干

锅温80℃左右，投入闷堆茶坯2kg，炒至茶条受热回软，继续搓条整形，并采用旋转手法闷炒为主，促使茶条成环状并色泽油润。一般炒30分钟左右即可达到足干，起锅摊晾后包装贮藏。

3. 黄大茶代表——霍山黄大茶

霍山黄大茶又名皖西黄大茶，是中国名茶，产于安徽霍山、金寨、六安、岳西等地，其中以霍山县火化坪、漫水河、金寨县燕子河一带所产的品质最佳。霍山黄大茶梗壮叶肥，叶片成条，梗叶相连似钓鱼钩，梗叶金黄显褐，色泽油润呈"古铜色"；内质汤色深黄，叶底黄褐，滋味浓厚耐泡，具有高爽的焦香味。霍山黄大茶以大枝大叶、茶汤黄褐、焦香浓郁为主要特征。其中大枝大叶的外形在中国诸多茶类中少见，已成为消费者判定黄大茶品质好坏的标准。

霍山黄大茶的鲜叶采摘标准为一芽四五叶，春茶一般在立夏前后2—3天开采，采期一个月左右，采3—4批。夏茶在芒种后3—4天开采，采1—2批。鲜叶要求具有一定的成熟度，叶大梗大，一个新梢上长4—5片叶子，这样才能做出高品质的黄大茶。

黄大茶加工工序有炒茶（杀青和揉捻）、初烘、堆积、再烘等，堆积是为了闷黄。

（1）炒茶

分生锅、二青锅、熟锅三锅相连操作。生锅主要起杀青作用，锅温180℃—200℃，投叶量0.25—0.50kg，双手持炒茶扫把，与锅壁成一定角度，在锅中旋转炒拌，叶片随之旋转翻动，均匀受热失水。炒茶时要求转得快、用力匀，不断翻转抖扬，及时散发水汽。炒3分钟左右，待叶质柔软，即可扫入第二锅。

二青锅主要起继续杀青和初步揉捻的作用，锅温稍低于生锅。炒法与生锅基本相同，但用力要大，转圈要大，起揉条作用。用力逐渐加大，做紧条形。当叶片皱缩成条，茶汁黏着叶面有黏手感时，即可扫入熟锅。

熟锅主要起进一步做细茶条的作用，这是黄大茶定型阶段。锅温为130℃—150℃，炒法与二青锅同。茶叶在竹丝扫把下旋转、搓揉，随时松把解块，使茶叶吞吐在竹丝把间。炒至三四成干，条索紧细，发出茶香即可起锅。

（2）初烘

以烘笼或烘干机烘焙，温度120℃左右，烘至七八成干，有刺手感，折之梗断皮连为适度。下烘后立即进行堆积。

（3）堆积

堆积是黄大茶黄变的主要过程，即将初烘叶趁热堆积于茶篓，稍压紧置于干燥的烘房内，利用烘房余热促进热化学变化。堆放5—7天，堆到叶色变黄，香气显露为宜。

（4）再烘

黄大茶的再烘可分为拉小火和拉老火两个阶段。拉小火属于低温烘焙，目的是除去部分多余水分，在湿热条件下，进一步促进黄变。温度100℃左右，烘至九成干，即可下烘摊晾3—5小时，再行拉老火。拉老火属于明火高温足烘，是形成黄大茶特有焦香味和进一步黄变的阶段。温度130℃—150℃，烘笼投叶量12.5kg，烘至足干，茶梗折之即断，茶叶手捻成粉，并发出高火香，即可下烘，趁热包装待运。

（五）课例

活动主题	君山银针		活动类型	小组教学	时长	1.5 小时
活动目标	1. 知识与技能：了解黄茶的分类 2. 过程与方法：通过观看黄茶制作视频，了解"闷黄"工艺 3. 情感价值观：激发学生传播茶文化知识的责任感					
活动内容	1. 茶的文化：黄茶的知识 2. 茶艺技能：君山银针的冲泡 3. 实践活动：君山银针的冲泡					
教学重点	君山银针的冲泡和解说					
教学难点	君山银针的冲泡					
活动材料	1. 黄芽茶、黄小茶、黄大茶，每组一套茶样 2. 闷黄的过程视频 3. 君山银针茶样 4. 茶具					

活动过程		
活动环节	师生互动内容	教育设计
黄茶世界探索 （10 分钟）	黄茶是我国的特产，是经过杀青、堆闷、干燥等过程制造出来黄茶的品质特性是黄叶黄汤、清香鲜爽、耐冲泡 黄茶中富含茶多酚、氨基酸、维生素、可溶糖等营养物质，对防治食道疾病有明显功效	学生分组开展学习。鼓励学生主动观察、积极探索，激发学生已有知识储备，进行知识文化学习
基础知识学习 （25 分钟）	同学们学习黄茶的分类标准，用思维导图的方式，将不同黄茶的特点进行总结 观看黄茶制作视频，用思维导图的方式，学习黄茶制作技艺，特别是"闷黄"工艺	简单介绍思维导图，重点提供图示给学生参考。尽量让学生一看就懂，一学就会，马上就用。培养学生分析、总结、表达、合作等能力
	君山银针是黄芽茶，十分细嫩，冲泡方法可采用玻璃杯的冲泡方法，注重观赏性 1. 备具：准备无花直筒形透明玻璃杯及杯托 3—5 个，玻璃片制成的杯盖、茶荷、茶叶罐、茶匙、茶巾、茶（盘）、水盂、开水壶等 2. 布席：茶艺师落座，行鞠躬礼。双手将茶席中间区域集中放置的茶叶罐、茶荷、水盂、花器依次放到四周合适位置，空出中间区域放置主泡茶具玻璃杯 3. 赏茶：用茶匙取出少量茶，置于茶荷中，供宾客观赏 4. 温具：向玻璃杯中倾入 1/3 杯的开水，然后右手捏住杯	

76

活动环节	师生互动内容	教育设计
品鉴名茶茶艺表演（35分钟）	身，左手托杯底，轻轻旋转杯身，将杯中的开水依次倒入水盂 5.置茶：取君山银针茶2—3g，放入茶杯 6.温润：用水壶将85℃左右的开水回旋冲入茶杯1/4处，双手捧杯转摇数周，使茶芽充分浸润 7.高冲：用高冲手法冲至七成满为止。冲泡后的君山银针往往浮立汤面，这时可用玻璃片盖在茶杯上，使茶芽均匀吸水，快速下沉。3分钟后，去掉玻璃片 8.奉茶：有礼貌地用双手端杯并奉给宾客 9.赏茶：君山银针经冲泡后，在水和热的作用下，茶芽渐次直立，上下沉浮，芽尖挂着晶莹的气泡，这在冲泡其他茶时是罕见的 10.品饮：轻轻啜一口茶汤，感受黄茶甘醇的滋味	通过冲泡环节放松一下学生的紧张状态。教师引导学生观察冲泡要点，为学生提供冲泡的环境和茶具让学生自主尝试冲泡，最后教师再以专业术语简单描述。表扬泡的最好、动作最优美的同学，提升学生的自信心和学习积极性
收拾整理（5分钟）	近年来，经过地方大力发展茶产业，黄茶的种植面积逐步扩大，产值效益不断提升，黄茶得到一定程度的发展。同学们对于提高黄茶在群众中的认知度还有哪些建议？大家可以积极发言	鼓励学生及时总结自己所学、所想，提高学生的责任感

课后作业
1.总结几点推进黄茶发展的建议 2.带回君山银针茶样，和家人一起品饮，并进行品鉴讲解

知识链接
蒙顶茶 蒙顶山是中国历史上有文字记载的人工种植茶叶最早的地方。世界上现存关于茶叶的最早记载的王褒《僮约》和吴理真在蒙山种植茶树的传说，可以证明四川蒙顶山是茶树种植和茶叶制造的起源地。唐宋时期是蒙山茶的极盛时期。唐代《元和郡县志》载："蒙山在县南十里，今每岁贡茶，为蜀之最。"从唐玄宗天宝元年（724）被列为贡品，作为天子祭祀天地祖宗的专用品，蒙顶茶的生产制作一直沿袭到清代，历经一千二百多年而不间断。蒙顶山有绿茶名品蒙顶甘露和黄茶名品蒙顶黄芽

七、花茶名品——茉莉花茶

（一）花茶的种类

花茶主要以绿茶、红茶或者乌龙茶作为茶坯，配以能够吐香的鲜花作为原料，采用窨制工艺制作而成。用于窨制花茶的鲜花有茉莉花、白兰花、柚子花等。茉莉花茶，是茶香与茉莉花香交互融合的茶中名品，有"窨得茉莉无上味，列作人间第一香"的美誉。世界茉莉花茶发源地为福建福州。常见的茉莉花茶品种有茉莉龙珠、碧潭飘雪、花毛峰、茉莉绿茶、茉莉白毫等。茉莉花茶的茶坯以烘青茶为主。茉莉花茶产区主要在广西南宁市横州市、福建福州以及四川、云南等地。

（二）花茶窨制的原理和程序

花茶窨制过程主要是鲜花吐香和茶坯吸香的过程。茉莉鲜花的吐香是生物化学变化，成熟的茉莉花在酶、温度、水分、氧气等作用下，分解出芬香物质。茶坯吸香是茶坯在吸收大量水分时，由于水的渗透作用，化学吸附产生，在湿热作用下，茶坯发生了复杂的化学变化，茶汤从绿逐渐变黄，滋味由淡涩转为浓醇，形成花茶特有的香、色、味。茉莉花茶制作工序包括：茶坯处理、鲜花养护、窨花拼和、通花散热、起花、烘焙摊凉。

1. 茶坯处理

窨制花茶的茶坯一般要经过干燥处理，目的在于散发水闷气、陈味，显露出正常的绿茶香味，有利于提高花茶的鲜纯度。传统工艺要求烘后的茶坯水分在4%—4.5%，不能用高火烘制，容易产生火焦味，影响花茶品质。

茶坯复火后一般堆温较高，在60℃—80℃，必须摊凉、冷却，待茶叶堆温稍高室温1℃—3℃时才能窨制，否则影响茉莉花生机和吐香，降低花茶品质。

2. 鲜花养护

茉莉花具有晚间开放吐香的习性，所以鲜花一般在当天下午2时以后采摘，这时的鲜花花蕾大、产量高、质量好。装运时不要紧压，用通气的箩筐装花为好，切忌用塑料袋装，容易挤压，不通气，易造成"火烧花"。

（1）摊凉

鲜花在运送过程中，由于装压，花朵呼吸作用产生的热量不易散发，使花温升高，不利于鲜花生理活动，必须迅速摊凉，使其散热降温，恢复生机，促其开放吐香。摊凉场地必须通风干净，摊凉时花堆要薄，一般在10cm以下。

（2）鲜花养护

鲜花养护是指控制花堆中的温度，使鲜花生机旺盛，促其开放猛烈吐香。鲜花开放适宜温度在32℃—37℃，因此，当气温低于30℃，必须把花堆高催温，通过鲜花呼吸作用放出二氧化碳产生热量，使花堆温度升高；当堆温达38℃以上，又要把花堆扒开，薄摊降温，增加氧气促进鲜花开放。一般来说，气温高时要薄摊、翻动、通气，防止堆温过高鲜花变质，气温低时用布盖住，保持堆温，促进鲜花开放。

（3）筛花

鲜花开放率在60%左右时即可筛花，筛花的目的既是分花大小，剔除青蕾花蒂；通过机械振动，又能促进鲜花开放。

（4）玉兰打底

玉兰打底的目的在于用鲜玉兰"调香"，提高茉莉花茶香味的浓度，"衬托"花香的鲜灵度。打底要适度。

3. 窨花拼和

窨花拼和是整个茉莉花茶窨制过程的重点工序，目的是利用鲜花和茶拌和在一起，让鲜花吐香并直接被茶叶吸收。窨花拼和要掌握好六个因素：配花量、花开放度、温度、水分、厚度、时间。

窨制花茶手工操作方法：先把茶坯总量的1/3—1/5平摊在干净窨花场地上，厚度为10—15cm，然后根据茶、花配比用量的鲜花，同样分出1/3—1/5均匀地撒铺在茶坯面上，这样一层茶、一层花相间3—5层，再用铁耙从横断面由上至下扒开拌和。茶坯和鲜花边拌边"窨花"。

4. 通花散热

通花散热就是把在窨的茶堆扒叶摊凉，从堆高30—40cm扒开薄摊堆高10cm左右，每隔15分钟再翻拌一次，让茶堆充分散热。约1小时左右堆温达到要求时就收堆复窨，堆高约30cm。再经5—6小时，茶堆温度又上升到40℃左右，花已成萎凋状，色泽由白转微黄，嗅不到鲜香，即可起花。

5. 起花

用起花机把茶和花分开，即叫起花。花失去生机，茶坯吸收水分和香气到达一定状态时，必须立即进行起花。如不能及时起花，则在水热作用下，花渣变黄熟呈现闷黄味、酒精味，影响花茶质量。

6. 烘焙摊凉

烘焙目的在于排除多余水分，保持适当的水分含量，适应下一工序转窨、提花或装箱。要正确掌握烘干热风的温度和烘后的茶叶水分含量。烘后茶叶必须充分摊凉，摊凉后的茶叶温度越低越好，最高不得超过40℃。

（三）花茶茶艺表演解说词

亲爱的老师、同学：

大家好！

伴着幽雅的民族音乐，我们小茶人将为大家奉上花茶茶艺表演，希望您能喜欢。

流云拂月：泡茶前给茶碗升温，有利于茶汁的迅速浸出。

精选香茗：北方人喜爱的花茶属于绿茶的再加工茶，又称香片。花茶集茶味与花香于一体，茶引花香，花增茶味，相得益彰。花茶既保持了浓郁爽口的茶味，又有鲜灵芬芳的花香，冲泡品啜，花香袭人，甘芳满口，令人心旷神怡。今天为您选用的是上等的茉莉花茶。

飞澈甘霖：冲泡花茶选用瓷制盖碗，盖为天、托为地、杯身为人，因此盖碗也被称为"三才碗"。因盖碗有保温留香的特点，所以备受人们喜爱。

执权投茶：花茶讲究香醇，每碗可放干茶3g。

温润心扉：先注水少许，温润茶芽，水与茶的融合将使茶香更高，滋味更醇。

悬壶高冲：冲泡花茶要用沸水，悬壶高冲，使茶叶在杯中上下翻腾，加速茶汁的浸出。

敬奉香茗：花茶馨香味美，不仅有茶的功效，而且花香也具有良好的药理作用，裨益人的健康，在此也带去我们对您的美好祝福。

请您观茶品茶。

花茶茶艺表演到此结束，谢谢你们观赏！

（四）保健功效

经研究，中医学及现代药理学认为茶叶有保健功效：茶叶苦、甘，性凉，入心、肝、脾、肺、肾五经。茶苦能泻下、祛燥湿、降火；甘能补益，缓和；凉能清热，泻火解表。

茉莉花茶除了具备绿茶的功能外，还具有茉莉花的保健功能。据测定，茉莉花茶富含茉莉花素等成分，用其漱口，既去油腻，又具坚固牙齿、防止口臭之功效。有关资料记载，从现代医学观点看，有五种茶叶对痢疾、伤寒、副伤寒、杆菌有杀菌作用，其中茉莉花茶抗菌效果最强。《中药大辞典》记载茉莉花有理气开郁、辟秽和中的功效，并对痢疾、腹痛、结膜炎及疮毒等具有很好的消炎解毒作用。常饮茉莉花茶，有清肝明目、生津止渴、祛痰治痢、通便利水、祛风解表、疗瘘、坚齿、益气力、降血压、强心、防龋防辐射损伤、抗癌、抗衰老之功效，使人身心健康。

（五）课例

活动主题	茉莉花茶		活动类型	小组教学	时长	1.5 小时
活动目标	1.知识与技能：了解茉莉花茶的文化及制作方法 2.过程与方法：冲泡实践，品鉴茉莉花茶的特点 3.情感价值观：激发学生通过了解制茶的辛苦学会珍惜，并懂得合作的意义					
活动内容	1.茶人礼仪：仪表、鞠躬礼 2.茶的文化：茉莉花茶的文化及制作方法 3.茶艺实践：品鉴茉莉花茶的特点					
教学重点	了解茉莉花茶的文化及制作方法					
教学难点	品鉴茉莉花茶的特点并有所感悟					
活动材料	1.学生注重着装，带茉莉花茶 2.教师准备绿茶、茉莉花干、茉莉花茶 3.教师、学生准备泡茶用具 4.教学课件					

活动过程		
活动环节	师生互动内容	教育设计
复习并导入新课 （10分钟）	1.教师提问：中国茶分成几类？ 教师和学生共同总结中国茶分类知识（基本茶类和再加工茶类） 2.教师继续提问：基本茶类分成几种？ 教师和学生共同总结基本茶类（红茶、绿茶、白茶、黑茶、黄茶） 3.教师继续提问：再加工茶有哪些？ 教师和学生共同总结（茉莉花茶、桂花乌龙、翠谷幽兰、荔枝红茶等）	复习掌握的新知识，调动新的学习兴趣

活动环节	师生互动内容	教育设计
识别茉莉花茶（15分钟）	1.教师展示8种茉莉花茶茶样 牡丹绣球、茉莉金玉环、茉莉针螺、茉莉银针、茉莉银毫、徽金毫、高末（碎）、碧潭飘雪 2.集中同学们围坐到桌前赏茶，并提问：赏茶从哪几个方面来欣赏呢？ 教师和学生一起总结答案：颜色、形状和香气 3.教师和学生共同赏茶 （1）同学们先闻茶香：鲜灵的茉莉花香和淡淡的绿茶香 （2）教师引导学生欣赏茶形：球形、环形、螺形、针形、雀舌、弯曲稍卷…… （3）教师和学生共同探讨干茶的色泽 （4）教师介绍茉莉花茶的特色 茉莉花茶又被称为"茉莉香片"，属于再加工茶。它是以绿茶为茶坯，经茉莉花窨制而成，"茶引花香、花增茶味"。茉莉花茶产地有福建、广西、四川、江苏等地。碧潭飘雪产自四川；徽金毫是以安徽的黄山毛峰为茶坯，用江苏的茉莉花熏制而成 5.同学们小组活动，练习从产地、制作方法、形状等方面介绍茉莉花茶 6.请同学们选代表介绍茉莉花茶，教师引导帮助同学们完成介绍茉莉花茶的任务	用观察的方法，了解茉莉花茶细分种类的干茶特点。教师引导学生观察名茶的特点，为学生提供学习单，学生通过自主尝试，进行分享交流。教师协助支持。鼓励学生的自信心和学习的积极性
花茶冲泡（30分钟）	1.学生分组实践操作，进行泡茶品鉴。分别冲泡绿茶、花干、茉莉花茶。通过细致品鉴，学生用语言描述自己对各种茶的感受，并写成文字 2.教师提供描述感受的相关专业词汇 3.学生操作过程中，教师指导科学泡茶方法。强调水温、茶水比例、浸泡时间。要求安排得当，动作优雅，相互协作 冲泡花茶一般选用瓷质盖碗。冲泡一杯香气宜人的花茶，茶量一般为3—4g。先注90℃水温润茶芽，水量应为杯的1/4到1/3。盖上碗盖，拿起盖碗逆时针轻转2—3圈，使茶水充分接触。用高冲或"凤凰三点头"手法冲泡。以八分满为度，注完水后立即加盖，避免香气散失，静置1—2分钟即可。双手端碗托将茶奉于客人面前，并行伸掌礼。品饮前，可半揭开碗盖嗅香或掀开碗盖闻盖上积蓄的花茶香，接着观汤色，最后用碗盖轻轻推开浮叶，从斜置的碗盖和碗沿的缝隙中小口啜饮 4.总结牢记茉莉花茶的基本知识	学生喜爱动手实践，此环节激发学生的探究兴趣

活动环节	师生互动内容	教育设计
了解制作 品味文化 （30分钟）	共同梳理花茶的知识、文化，重点是制作 重要内容：茶叶有吸附气味的特性，人们利用这种特性制作了花茶；花茶也称窨花茶、香片，是以绿茶、青茶等基本茶类作为茶坯和鲜花拼配窨制而成的茶叶；制作过程：茶坯处理→鲜花养护→拌和窨花→通花散热→收堆续窨→出花分离→湿坯复火干燥→再窨或提花，一般窨制 4—8 次，等级越高的茉莉花茶窨制的次数越多	
活动总结 分享收获 （5分钟）	学生分享自己品茶的感想	引导学生关注茶的发展离不开茶的创新

课后作业

1. 辨别自己家里的花茶
2. 想一想、写一写你知道的花茶有哪些？自制花茶（任选一种）

知识链接

桂花乌龙

桂花乌龙是福建安溪传统的出口产品，主要以当年或隔年夏、秋茶为原料。桂花乌龙条索粗壮重实，色泽褐润，香气高雅隽永，滋味醇厚回甘，汤色橙黄，叶底深褐柔软。桂花乌龙茶一般选用八月的新鲜桂花加上台湾的乌龙茶，有的用安溪铁观音制作

1. 桂花乌龙特点

（1）精选优质乌龙茶，与新鲜桂花窨制而成，桂花的芬芳融入乌龙茶醇厚的茶味，别具风味。绿润紧结的乌龙茶中，点缀着淡黄高雅的桂花，观之即令人赏心悦目。一入口，便是满腔的醇厚甘润和馥郁芬芳，使人回味无穷。品饮之间，畅享大自然珍贵的恩赐

（2）适合爱美女士的美颜茶。桂花乌龙茶含有丰富茶多酚，常饮能解除体内毒素，消脂去腻，是公认的减肥瘦身佳饮

（3）胃寒者的暖身茶。桂花和乌龙茶均属温性，有温中散寒、暖胃止痛的功效

2. 冲泡方法

宜选用瓷质或玻璃茶具。选取 5g 茶叶，加入 120mL 温度在 85℃的水，冲泡 1 分钟左右即可饮用。茶水比可根据个人喜好调整

3. 冲泡茶具

选用玻璃杯或盖碗冲泡，由于用了桂花，冲泡时水温不能像一般的乌龙茶那样高，所以用 85℃的水温即可，一般在七泡左右的为桂花乌龙茶中的极品，我们叫它桂花茶王！好的桂花乌龙茶，桂花的香气不会太抢，在浓郁的桂花香之外，还有乌龙茶本身的茶香味

第三节　多姿多彩的茶文化

一、探秘少数民族茶文化

我国地缘辽阔，民族众多，经过漫长时间的沉淀，每个地域、民族都形成了各具特色的历史、文化。

（一）维吾尔族

关于西北广大少数民族地区饮茶和茶叶贸易的记载最早始于唐代，《新唐书·陆羽传》记载："尚茶成风，时回纥入朝，始驱马市茶。"回纥是维吾尔族的祖先。唐朝以丝绸和茶叶等物品换取在军事上、生产上十分重要的回纥马匹，回纥换得的茶叶除了自己饮用外，还有一部分用于与各突厥部落及伊朗、印度、罗马、阿拉伯国家进行交易。早在公元9世纪茶叶就已经成为维吾尔族先民喜爱的饮品了。经过长期发展，维吾尔族茶文化形成。

维吾尔族是一个喜欢喝茶的民族，一年四季都离不开茶。维吾尔人之所以爱喝茶，大概和新疆的地理环境和维吾尔人生活习惯有关。新疆气候干燥，蔬菜少，食肉多，饮食油腻，缺乏必要的维生素调节身体的营养平衡，而茶可以消暑解渴、提神解腻、强身健体、帮助消化，它还有一定的药用功效，所以茶受到维吾尔人的青睐。

维吾尔人饮茶以茯砖茶为主，注重口味。北疆的维吾尔人喜欢在煮茶时加入牛奶，南疆的维吾尔人煮茶时喜欢加入胡椒、桂皮、丁香、肉豆蔻、薄荷等香料——这就是奶茶和香茶。

"客来敬茶"是维吾尔族茶俗中最主要的内容。有客人时，主人一定会向客人敬茶，以表示欢迎。主人先为客人烧茶，饮罢茶之后，再拿出瓜果招待，一般还要端出馕、糖、果盘、糕点等食品。敬茶礼仪强调长幼有序，长者先入内并坐在首席，其他客人再依次入座，待宾主双方问候完毕后，主人会左手持水盆"其拉普恰"，右手提洗手壶"阿布杜瓦"，给客人倒水洗手，冲洗三遍过后，客人要垂手等主人递上洁白的毛巾将手擦干，值得注意的是洗完手后不能甩手，这是对主人极不礼貌的行为。主人敬茶时，客人要恭恭敬敬地用双手接茶并道谢，然后右手把茶碗放在左手上，待主人邀请喝茶后，客人方可用右手拿起茶碗喝茶。喝茶时，第一次喝一小口，第二次喝三小口，以喝单数最好。如果不想喝了，只需用手捂住碗口即可。

（二）藏族

在高寒的气候、严酷的生活环境下，酥油茶成了青藏高原最具有民族特色的饮品。酥油茶用酥油和浓茶加工而成。酥油，藏语称为"芒"，色泽金黄或乳白色，是藏族人民用传统的手工工艺从牛乳中提炼分离出来的。制作酥油茶时，先将紧压砖茶打碎加水，在壶中煎煮 20—30 分钟，再滤去茶渣，将茶汤注入长圆形的打茶桶内，同时加适量酥油，还可根据需要加入事先已炒熟的核桃仁、花生米、芝麻粉、松子仁之类，最后放入少量的食盐。接着，用力在打茶桶内上下抽打，待茶汤与作料混为一体，酥油茶就算打好了。酥油茶含有极高的热量，可以祛寒保暖、解饥充饭。

藏族人民的早点离不开酥油茶，藏族人民经常用酥油茶拌着糌粑吃。糌粑是青稞炒熟以后磨成的白色面粉。早餐时，在碗中放入适量的酥油茶和糌粑，用左手托住碗底，右手大拇指紧扣碗边，其余四指和掌心扣压碗中的糌粑面，旋转碗，边转边拌，待面、茶拌匀，能用手捏成团就可以进食了。糌粑吃法简单，携带方便，很适合游牧生活。

（三）蒙古族

蒙古族人民喜欢喝茶，特别喜欢喝奶茶，人均茶年消费量高达 8 公斤。蒙古族人不仅喜欢喝茶，也相当注重茶文化的传承。在蒙古族家中做客，要遵守蒙古族的茶道，否则就会失礼。做客时，主客的座位要按男左女右排列，贵客和长辈则按主人的指点在主位就座。主人用茶碗端上热气腾腾的奶茶，放入少许炒米，双手恭敬地捧起。献奶茶时，客人也必须双手去接。如果客人想少喝茶或不想喝茶无需说明，只要用碗边轻轻碰一下勺子或壶嘴，主人自然就明白其意了。斟茶也是很有讲究的，往碗里倒茶时，铜壶拿在右手，茶不可倒得太满，壶嘴要向北向里，而不可以向南（朝门的方向）向外，因为按蒙古族的习俗，向里则福从里来，向外则福朝外流。添茶时，主人要把茶碗接过来后再添茶，不能让客人把碗拿在手里就添茶。

（四）回族

回族人民集中生活在宁夏、青海、甘肃等西北地区。回族人民有多种多样的饮茶方式，其中喝"刮碗子茶"具有代表性。刮碗子茶又称 "八宝茶"，主料为普通炒青绿茶。冲泡茶时，茶碗中除放茶外，还放有冰糖与多种干果，诸如苹果干、葡萄干、柿饼、桃干、红枣、桂圆干、枸杞子等，有的还要加上白菊花、芝麻之类，通常多达 8 种，所以也叫"八宝茶"。喝刮碗子茶不仅要用特定的三件套：茶碗、碗盖、碗托，还有一套礼节：动作要轻、沏茶要稳、环境雅静、用具净洁。待客时，主人会把茶碗放到客人面前，揭盖沏茶，表示茶碗干净，也是表达对客人的尊重。多种配料的干果香茶在一个容器中，香气四溢，多重口感，层次丰富，展现了我国饮食中色香味俱全的特点。由于刮碗子茶中食品种类较多，加之各种配料在茶汤中的浸出速度不同，因此，每次续水后喝起来的滋味是不一样的。一般说来，刮碗子茶用沸水冲泡，随即加盖，5 分钟后开饮，第一泡以茶的滋味为主，主要是清香甘醇；第二泡因糖的作用，就有浓甜透香之感；第三泡开始，茶的滋味开始变淡，各种干果的味道就应运而生，具体依所添的干果而定。大抵说来，一杯刮碗子茶，能冲泡 5—6 次，甚至更多。

（五）云贵川地区少数民族茶文化的发展

少数民族茶文化是各民族长期生活实践的结果，也凝结了各民族文化的内涵和对美好生活的追求。云、贵、川是茶的原产地也是少数民族聚居地，他们世世代代与茶为伴，以茶为生活必需品。云、贵、川等地越来越多的少数民族人民进行茶产品的种植，人们积极生产优质茶叶的同时努力提高茶叶的产量。茶产品的种植，改变了少数民族地区由于自然条件差而无法在丘陵与山地进行农作物种植的情况，在促进少数民族地区经济发展的同时，也为少数民族地区的人民带来了新的生活面貌。在少数民族地区，茶文化旅游也成为一种主要的经济发展方式。越来越多的旅游爱好者为了欣赏茶园的美丽风光而走进少数民族地区，进行生态旅游，感受茶园的独特魅力。茶文化旅游同样吸引着国内外的茶叶爱好者。为了学习不同地区的茶叶知识，人们走进生产茶叶的地区，了解有关茶叶的奥秘。在游玩茶园的过程中，旅游者可以观看制茶表演、听茶戏、猜茶谜、吃茶宴等，亲身体验与茶有关的活动，充分学习茶产品的知识，了解茶产品的民俗文化。

（六）课例

活动主题	探秘少数民族的茶	活动类型	小组教学	时长	1.5 小时
活动目标	1.知识与技能：学习我国少数民族的饮茶习俗 2.过程与方法： （1）通过欣赏、品鉴少数民族的茶，掌握少数民族茶的文化寓意和冲泡（烹煮）方法。了解我国少数民族对饮茶的追求，提升对少数民族饮茶习俗的认识 （2）通过制作、品饮少数民族茶，理解少数民族茶文化中的兼容并包，在学习茶文化中提升道德修养 3.情感价值观：明确少数民族茶文化兼容并包的重要性，做一个促进民族融合的小茶人				
活动内容	1.茶人礼仪：仪容仪表、品茶礼仪 2.茶的文化：少数民族饮茶的历史与意义 3.茶艺技能：冲泡酥油茶 4.实践活动：动手冲泡藏族酥油茶				
教学重点	少数民族饮茶的历史与意义				
教学难点	理解少数民族茶文化中的兼容并包，在学习茶文化中提升道德修养				
活动准备	1.学生注重着装，准备笔、本 2.提前向学生及家长布置活动准备内容，请家长带领学生在家阅读、学习少数民族饮茶历史，准备分享自己的感受。学生查阅我国少数民族饮茶的相关知识 3.冲泡酥油茶的用具				

活动过程		
活动环节	师生互动内容	教育设计
引入课题 （15 分钟）	学生将自己准备的预习资料分组进行分享 可以分为三组：藏族酥油茶、蒙古族奶茶、回族八宝茶	活动前学生有目的地自主交流，促进同学相互了解，增长知识
学习少数民族饮茶史、习俗 （15 分钟）	大家都知道我国民族众多，每个民族都有独特的生活习俗和饮茶文化。今天我们在众多的民族中着重介绍三个民族的饮茶文化：藏族、蒙古族、回族	通过主题讨论，了解各民族饮茶习俗背后的意义，加深学生及家长对少数民族文化的认识。通过分享各民族饮茶习俗，进一步学习少数民族的茶文化

活动环节	师生互动内容	教育设计
品鉴藏族酥油茶、蒙古族奶茶、回族八宝茶（20分钟）	1. 教师进行冲泡示范，学生欣赏、品茗 2. 教师组织学生共同探讨少数民族饮茶的历史，分析少数民族饮茶习俗中的辅料。藏族酥油茶：酥油、盐等；蒙古族奶茶：牛奶、奶酪、盐等；回族八宝茶：冰糖及多种干果。鉴赏泡茶的各种独到的茶具 3. 分析砖茶在制作酥油茶、奶茶中的优势，了解砖茶的发展历史	通过学生分享前期的准备、教师引导，共同提升对酥油茶、奶茶、八宝茶的认识。了解少数民族对兼容并包的追求，了解少数民族为什么在茶中加入各种各样的食材，从而使学生知道生活需要融合，有融合才能进步发展，才能多元发展
实践操作（25分钟）	1. 学生亲自动手冲泡酥油茶，可以合作 2. 学生分享自己冲泡的酥油茶，教师组织大家进行点评，注意学生的礼仪和声音及表达内容	学生实践过程，掌握少数民族茶的文化寓意和冲泡方法。小组合作，体现人人参与、人人动手的原则 交流中教师引导大家相互学习
整理用具（5分钟）	教师指导学生整理学习用品及桌面卫生，学生相互帮助	以教会方法、形成习惯为目的，组织学生进行教学活动的物品整理。培养学生审美情趣和热爱劳动、有始有终的品德
课程总结（10分钟）	茶文化体现了少数民族文化的融合与各自特色，在民间拥有深厚的群众基础。由于风土人情多样，生活环境与生产条件多样，历经多代人的艰苦努力和积累，中国形成了多样的茶文化资源，产生丰富多样又具有鲜明地方特色的民族茶文化	重视丰富多彩的少数民族茶文化的教育价值

课后作业

1. 将了解到的少数民族茶文化介绍给自己身边的家人或好朋友
2. 试着冲泡独具特色的回族八宝茶

知识链接

白族三道茶

2014年11月，"白族三道茶"经国务院批准列入第四批国家级非物质文化遗产代表性项目名录

"三道茶"第一道为"苦茶"，制作时，先将水烧开，由司茶者将一只小砂罐置于文火上烘烤。待罐烤热后，即取3克左右茶叶放入罐内，并不停地转动砂罐，使茶叶受热均匀，待罐内茶叶转黄，发出焦糖香时，即注入已经烧沸的开水。泡煮1分钟左右，用双手举盅献给客人。第一道茶经烘烤、煮沸，看上去色如琥珀，闻起来焦香扑鼻，但喝下去滋味苦涩，通常只有半杯，一饮而尽

第二道茶，称之为"甜茶"。当客人喝完第一道茶后，主人重新用小砂罐置茶、烤茶、煮茶，并在茶盅里放少许红糖、乳扇、核桃仁等，这样沏成的茶，香甜可口

第三道茶是"回味茶"，其煮茶方法与第二道茶相同，只是茶盅中添加的辅料已换成适量蜂蜜、少许桂皮粉、3—5粒花椒、一撮核桃仁，茶容量通常为六七分满。这杯茶，喝起来甜、酸、苦、辣各味俱全，回味无穷

二、博览世界各地茶文化

中国是世界上茶的发源地。茶不仅从中国走向世界，中国茶文化也以其特有的魅力向周边乃至全世界辐射：东传至日本、朝鲜，向西通过陆路茶马古道、丝绸之路传播到蒙古、中亚、西亚，并进一步传到俄罗斯等国家，通过英国传播到世界各地，对世界茶文化发展产生深远影响。

（一）日本绿茶

日本遣唐使僧人最澄和空海禅师把中国茶介绍到日本，但饮茶之风并没有马上在日本流行起来。1191 年宋朝时，日本僧人荣西禅师从中国回到东瀛，将从中国带回的茶种分种在长崎平户岛的富春院以及日本南部九州岛的佐贺，并教导民众以茶养生，饮茶之风很快风靡日本列岛。1214 年 2 月，茶得到了日本官府最高层源实朝将军的首肯，荣西还给将军承奉了他写的《吃茶养生记》，书中记述了茶的神奇药用："余常思缘何日本人不好苦味之食。在中国，人皆好茶，是故心脏病痛少有，而人皆得长寿。但观我国人多菜色，瘦骨嶙峋，究其缘由，盖不喝茶也。是故凡人有精神不济者，当思饮茶。茶饮令心律齐而百病除矣。"1223 年，陶工加藤四郎随道元禅师来到中国，学习瓷器烧制技艺。6 年后，他在日本建立了自己的瓷窑，烧制茶碗，现在仍有很高声誉。16 世纪，高僧千利休改革简化茶道，推广茶道到中下层社会，成为日本大众化茶道的创始人，被日本人誉为"茶道始祖"。

日本人饮茶主要是绿茶，有两种形式，一种是煎茶，一种是抹茶，两者完全不同。煎茶通过蒸青杀青，干茶颜色深，茶叶被切断成小片，泡茶时要用带有滤网的茶具，味道鲜醇。抹茶是茶粉，把茶叶捣鼓成粉末，然后混合成茶汤来喝。日本人喝的茶九成以上是煎茶，很多地区都生产煎茶，以静冈最好，抹茶基本上只在日本茶道里使用。

日本的海岛气候是限制茶种类的重要因素。因为雨水多，茶芽生长迅速，新芽很快长到 8—10cm，采下的新芽为一芽三叶或四叶，总长能到 13cm。这些叶片水分大、较薄、易碎，很难出现类似雀舌、银针、松螺、碧珠等秀美的品形，于是他们将绿茶磨制成茶粉，然后放入茶盏，用茶筅做成一碗抹茶饮用。

（二）印度红茶

印度是世界上最大的茶消费国，印度 70% 的茶叶产量被印度人自己消费。印度茶包括著名的阿萨姆茶和大吉岭茶。印度人厨房里会有圣罗勒、小豆蔻、胡椒、甘草、薄荷等调料，印度人用这些植物的叶片与茶混合做饮料，不仅解渴还可用于治病。（茶叶起到减淡调料刺激气味的作用。）印度的种茶历史并不明确。1877年有文献记载："很多的加尔各答商人都想做从中国传来的，在阿萨姆地区很兴旺的茶叶交易。"印度人不习惯单独饮用茶，而是习惯与牛奶和糖一起饮用。

阿萨姆邦是印度最大的茶叶种植区，这里属于热带气候，炎热潮湿，雨水充沛，雅鲁藏布江为茶树提供水源。此地的茶树叶子数量多而且宽大，加工后具有浓郁的麦芽味。阿萨姆邦的采茶和生产季节从3月持续到11月，主要以生产红茶而闻名。阿萨姆红茶（ASSAM）茶汤呈深红色，与糖和奶混合，可制成阿萨姆奶茶。阿萨姆奶茶的做法步骤如下：

①准备阿萨姆红茶粉、纯牛奶、飘逸杯；

②用量勺量30mL的茶粉放进飘逸杯；

③注入200mL开水，定时泡2分钟；

④同时开始煮牛奶，煮沸时关火；

⑤把热牛奶加入泡好的红茶，放2块方糖；

⑥拉茶，提升茶香。所谓拉茶就是两个杯子不断倒来倒去，一般拉20下，在这个过程中茶香越来越浓；

⑦一杯香醇地道的阿萨姆奶茶就做好了。

位于印度西孟加拉邦的小城大吉岭，作为红茶的产地驰名世界。它出产的大吉岭红茶与中国祁门红茶、斯里兰卡乌瓦锡兰红茶并称世界三大高香红茶，被誉为"红茶中的香槟"。此地降雨量充足、昼夜温差大，平均海拔为2134m，一年四季淹没在云海雾河中，特别适合茶叶种植。大吉岭红茶常年分3次采摘，3月至4月采摘的被称为"first flush"（初摘/春摘茶），春茶嫩芽居多，带有温和的清新香气，汤色呈金黄色。5月至6月采摘的被称作"second flush"（次摘/夏摘茶），夏摘茶叶身饱满，味道香气比较圆熟、醇厚，汤色橙黄、明亮，气味芬芳高雅，上品尤其带有麝香葡萄味，口感细致柔和，既有香醇馥郁的芳香又兼有成熟水果的甘甜美味。在7月至8月雨季结束后，就迎来了一年之中的最后一个采摘季，这个时期采摘的红茶被称作"autumnal/autumn flush"（秋摘茶），味道甘甜醇厚，汤色呈现深红色。大吉岭红茶最好单独饮用。

（三）英式下午茶

1662 年嫁给英王查理二世的葡萄牙公主凯瑟琳，人称"饮茶皇后"，她的陪嫁包括 221 磅红茶和精美的中国茶具。凯瑟琳嫁入英国后，品茗风尚在英国迅速风行并成为高贵的象征。17 世纪，英国上流社会的早餐都很丰盛，午餐较为简便，而社交晚餐则一直到晚上 8 时左右才开始，人们便习惯在下午 4 时左右吃些点心、喝杯茶。其中有一位很懂得享受生活的女伯爵名叫安娜玛丽亚，每天下午她都会差遣女仆为她准备一壶红茶和点心，她觉得这种感觉真好，便邀请友人共享。很快，下午茶便在英国上流社会流行起来。18 世纪中期以后，茶才真正进入一般平民的生活。享用下午茶时，英国人喜欢选择极品红茶，配以中国瓷器或银制茶具，摆放在铺有纯白蕾丝花边桌巾的茶桌上，并且用小推车推出各种各样的精制茶点。英国人最喜欢的下午茶时间多集中在下午 3 时到 5 时半之间，主要分为 low tea 和 high tea 两种，悠闲的贵族或上层社会一般食用 low tea，low tea 一般指午饭后、离午饭时间不远的下午茶，茶点一般是三明治、小煎饼；劳工阶层多食用 high tea，high tea 一般指晚饭前的茶点，多以肉食为主。在以严谨的礼仪要求著称的英国，下午茶逐渐产生了各式各样的礼节要求与习惯。

（四）课例

活动主题	博览世界各地茶文化		活动类型	小组教学	时长	1.5 小时
活动目标	1.知识与技能：学习中国茶的传播及外国的饮茶习俗 2.过程与方法： （1）通过对比阿萨姆红茶和大吉岭红茶，了解印度红茶的相关知识 （2）通过学习英式下午茶基本礼仪，理解茶文化的世界融合，在学习茶文化中提升道德修养 3.情感价值观：明确文明交流与融合的重要性，做一个促进合作发展的小茶人					
活动内容	1.茶的文化：中国茶的世界传播的历史与意义 2.茶艺技能：冲泡阿萨姆奶茶和大吉岭红茶 3.实践活动：学习英式下午茶基本礼仪					
教学重点	中国茶的世界传播的历史与意义					
教学难点	理解茶文化中的融合，在学习茶文化中提升道德修养					
活动材料	1.学生注重着装，准备笔、本 2.外国的红茶茶样，制作奶茶的用品用具					

活动过程		
活动环节	师生互动内容	教育设计
引入课题 （15分钟）	学生将自己准备的预习资料分组进行分享，可以分为三组：印度红茶、英式红茶、中国红茶 侧重分享中国茶的国外传播历史	活动前学生有目的地自主交流，促进同学相互了解，增长知识
冲泡印度阿萨姆红茶和大吉岭红茶、制作印度奶茶 （30分钟）	1.同学们冲泡阿萨姆红茶和大吉岭红茶，从品鉴的角度，比较出两种茶的不同 阿萨姆红茶味醇，涩味有厚度。茶香平易，汤色为深红色，透明度不高，和牛奶很配。在印度种植时间要早于大吉岭红茶 大吉岭茶分为三个采摘时间。初摘茶（first flush），于3月上旬至4月间采摘，收获量少而价格昂贵，含有大量被称为"银尖"的银色嫩叶，茶叶整体颜色类似绿茶，有麝香葡萄和香槟气息的茶香，味道爽利又有偏刺激性的涩味，汤色淡，推荐清饮。次摘茶（second flush）采摘时期为5月至6月下旬，有初夏的红茶之称，集优质味道、茶香和汤色三大要素为一体，次摘茶的麝香葡萄香味浓，涩味也重，汤色为偏橙色的红色，饮用时第一杯不加配料清饮，第二杯按红茶配牛奶的方式饮用最为合适。秋摘茶（autumnal flush）为10月至11月间收获的最后一批茶，有成熟的果香，同时保留有绿茶独有的清新香气，味道浓厚涩味较强，汤色为深红色，秋摘茶配牛奶的饮用方式很受欢迎 2.同学们分组尝试印度奶茶的制作，感受不同配方带来的丰富口感	通过分组探究，了解不同茶的品质特性，加深学生对世界茶文化的认识
学习英式下午茶礼仪 （30分钟）	1.学生介绍 low tea 的饮茶礼仪并进行现场演示 ①下午四点钟。②男士着燕尾服，戴高帽及手持雨伞；女士着洋装，戴帽子。③通常是由女主人亲自为客人服务。④下午茶的专用茶为祁门红茶、大吉岭与伯爵茶、锡兰红茶，若是喝奶茶，则是先加牛奶再加茶。⑤点心是用三层点心瓷盘，第一层放三明治、第二层放传统英式点心司康、第三层放蛋糕及水果塔，由下往上吃。由淡而重由咸而甜。先尝带点咸味的三明治，让味蕾慢慢品出食物的真味，再啜饮几口红茶，接下来是涂抹上果酱或奶油的司康，让些许的甜味在口腔中慢慢散发，最后才是甜腻厚实的水果塔。⑥品赏精致的茶器 2.同学们可以观赏电影视频片段，加深对英式下午茶文化的理解。同时，也可以关注普通百姓更为熟悉的 high tea	通过学生展示英式下午茶的礼仪，引发学生的探究兴趣 教师引导学生了解英式下午茶的生活化转变，从而使学生知道生活与茶礼仪相互融合才能使文化多元发展

活动环节	师生互动内容	教育设计
整理用具 （10分钟）	1.教师指导学生整理学习用品及桌面卫生，学生之间相互帮助 2.清理、摆放用品，营造整齐美观的环境	以教会方法、形成习惯为目的，组织学生进行教学活动的物品整理。培养学生审美情趣和热爱劳动、有始有终的品德
课程总结 （5分钟）	当今世界有160多个国家、30多亿人饮茶，有50多个国家种植茶叶。最早种茶、制茶、喝茶的是中国。其他国家的茶树、种茶及制茶技术和品饮方式，都是直接或间接从我国传入的。茶文化是中华传统文化的重要组成部分，中国茶文化的海外传播也是我国文化软实力的重要体现	教师鼓励学生及时总结自己所学、所想。重视民族自豪感的引导

课后作业
1.了解宋代茶文化传播到日本的历史 2.学习中国蒸青绿茶恩施玉露的茶知识

知识链接
恩施玉露与日本雨露的区别 恩施玉露茶是中国传统蒸青绿茶，选用叶色浓绿的一芽一叶或一芽二叶鲜叶，经蒸汽杀青制作而成。恩施玉露对采制的要求很严格，芽叶须细嫩、匀齐，成茶条索紧细匀直、紧圆光滑，色泽鲜绿，匀齐挺直，状如松针，白毫显露，色泽苍翠润绿。茶汤清澈明亮，香气清高持久，滋味鲜爽甘醇，叶底嫩匀明亮，色绿如玉。"三绿"（茶绿、汤绿、叶底绿）为其显著特点。自唐代从中国传入茶种及制茶方法后，日本至今仍主要采用蒸青方法制作绿茶，其玉露茶制法与恩施玉露在蒸汽杀青制茶工艺上各有特色 日本玉露茶在发芽前20天，当茶树长出2—3片新芽的时候，茶农就会搭起遮阴棚，小心保护茶树的顶端，阻挡阳光，使得茶树能长出柔软的新芽。而后将嫩芽采下，以高温蒸汽杀青后，急速冷却，再揉成细长如针的茶叶，针形茶叶特殊的形状也成为玉露独特的标识。中日两款玉露茶关键的区别是日本玉露在蒸青后干燥温度上一直不超过50℃—90℃，而恩施玉露的温度则在100℃—140℃

第三章

青少年茶文化实践课程设计

第一节　青少年茶文化项目式学习课程设计

一、青少年茶文化项目式学习课程设计介绍

（一）什么是项目式学习

项目式学习就是通过做项目来开展教和学的活动，目的是让学习者能够针对真实世界中的真实问题，利用所学知识和技能，开展合作、探究，尝试解决问题，完成项目产品，其焦点在于过程中的"学习"和结果中的"发展"。

项目式学习与其他学习方式相比，更加关注现实生活中的真实问题，注重学生间的合作，需要产生可见的成果，并向公众展示，更加关注学生核心素养的培育，以及解决问题能力，创造性、批判能力的培养。

1. "项目式学习"调动学生参与活动的主动性

认知心理学先驱布鲁纳说过："学习是一个主动的过程，使学生对学习产生兴趣的最好途径就是使学生主动卷入学习，并从中体现到用自己的能力来应付外部世界。"要让学生充分发挥自己的能动作用，积极参与到学习和实践中去，成为学习的真正主人。

"项目式学习"教学强调让学生在密切联系学习、生活和社会实际的有意义的"项目"任务中，以学生为中心，注重体验，通过完成任务来学习知识、获得技能、形成能力、内化伦理。

2. "项目式学习"满足学生的求知欲望

在茶育教育中采取"项目式学习"，以模拟真实产品为问题导向，可以满足学生的求知欲望。心理学研究表明，学生对他们十分陌生或是十分熟知的事物并不感兴趣，所以在选择项目时要注意贴近学生生活实际，在搜集资料、整理资料方面力求简便易行，但又必须通过认真地思考实践才能够办得到。在活动中教师演示的课件，一定要课前精心设计制作，引起学生的认知冲突，使学生产生一种悬而未决的求知欲，从而激发学生求知的热情，如此才能达到"任务驱动"的目的。

图 3-1　"项目式学习"示意图

3."项目式学习"给予学生成就感

"项目式学习"中探究复杂、真实问题的解决方案的过程能够给予学生成就感。实践目标的实现，不仅包括实践活动设计思路、实践过程，还有项目成果。传统的教学模式中的考试是对于教学效果的检查，而上好一节茶课必须以实践为特点，在活动时教师不可以纸上谈兵。"项目式学习"让学生在活动中为着"任务"、为着本组去动手操作、去搜集、去寻找解决问题的技巧，在此过程中学生会学会利用批判的眼光审视问题。

4."项目式学习"开拓学生的创造力

随着教育改革的进一步深化，学校课程改革的发展与建设直指学生发展的核心素养，教育目标是以学生的发展为核心，这不仅注重对学生知识技能的培养，更注重学生创新精神和实践能力的培养。在茶育课程中利用"项目式学习"开展活动，对于学生来说，开始是模仿，制作出与已有作品相似的作品，当知识、经验积累到一定的量时，接踵而来的便是丰富多彩的创造性作品，这就是"项目式学习"激发的学生的无穷创造力。茶文化活动中所用的知识是开放式的，在活动中教师不可能将各种茶知识都给学生准备好，重要的是教给学生学习的方法。"项目式学习"正好给了学生这样一个机会，教会学生在活动中完成任务，学生必须琢磨如何搜集资料、整理资料、保存资料，如何设计制作，如何展示作品……新的追求激励着学生不断地去学习、去实践、去探索，去创造更美好的精品。

由上可见，"项目式学习"是一套系统的"教和学"的方法，是以模拟真实产品为问题导向，以学生为中心，探究复杂、真实问题的解决方案，学习学科知识、思想和方法，注重过程体验的学习。

巴克教育学院确定了 PBL（项目式学习）的七个基本要素，这些元素统称为"PBL 黄金标准"，项目设计的关键要素包括：

（1）具有挑战性的问题

一个项目的核心概括起来就是调查和解决"关于什么"的一个挑战，或者对现实问题进行探索和回答。它可以是具体的也可以是抽象的。一个引人入胜的问题，能使学习变得更有意义。学生在迎接挑战的过程中不是单向地学习知识，而是因为要用这些知识来解决或回答一个问题，他们会主动探索，深入研究。

（2）持续地探究

探究就是寻求信息或进行调查，这是一个比在书上或者互联网上查找信息更积极、更深入的过程。探究过程需要一定的时间，这意味着项目的时长不止几天。在 PBL 中，探究问题是迭代的，当遇到一个具有挑战性的问题时，学生提问，寻找帮助回答这些问题的资源，然后再问更深层次的问题。这个过程反复循环，直到找到满意的解决方案或答案。项目可以将传统的调查法（读一本书或上网搜索）与真实世界融合在一起，学生也可以探索到用户对他们项目中创建的产品的需求，或观众对他们作品的要求。

（3）真实性

在教育领域，当人们说到真实性时，这个概念是指"现实世界"的学习或工作。真实性增加了学生学习的动机。一个项目可以在几个方面是真实的，它可以是一个真实的环境，也可以是现实世界的任务、工具和性能标准，还可以是对他人产生真正的影响，或创造能够被使用的东西，最后，一个项目的真实性也包含学生本人的关注点、利益、文化、身份和问题。

（4）学生的发言权和选择

在项目中，发言权能给学生带来主人翁意识，会让他们更关心该项目，并更加努力地参与活动。如果学生解决困难和回答、驱动问题时不能自己做判断，他们会觉得这个项目是为别人而做。让学生在项目中遵从自己的想法和控制项目的许多方面，从产生的问题、资源应用、如何寻找答案、分配任务和角色分工，到制作作品，他们都有发言权。更先进的做法包括选择项目的主题和性质，他们可以写自己的驱动性问题，并决定如何对其进行调查、展示所学以及如何分享他们的作品。

（5）反思

对 PBL 教学影响很大的美国教育家杜威说过：“我们不是从经验中学习，我们是从反思中学习。”在整个项目中，学生和教师应该反思他们学了什么，他们是如何学习的，他们为什么学习。反思可以成为非正式的课堂文化，形式上可以是项目的计划形成性评估、阶段性讨论和学生作品的公开展示。对知识内容和理解的反思，可以帮助学生巩固所学知识，并且知道如何应用这些知识。对执行项目过程中所锻炼的技能的反思，有助于学生内化什么是对未来成功有帮助的技能，并为下一步发展哪些技能指定具体的目标。反思项目本身，看它是如何设计和实施的，能够帮助学生确定如何对待他们的下一个项目，帮助教师自身提高 PBL 实践的质量。

（6）批判和修改

高质量的学生作品是“PBL 黄金标准”的一个标志，而这种质量是通过深思熟虑地批判和修正来达到的。在严谨、专业、正式的反馈或批判指导下，学生应该学会如何给予和接受同伴的建设性反馈。除了同伴和老师，成年人和专家也可以反馈来自真实世界的观点。这种“形成性评价”对学生在确认作品哪些方面可以做得更好上有着重要的意义。这不仅意味着教师给学生反馈，学生自己也会评估学习的结果。

（7）公共产品

在“PBL 黄金标准”中，创建一个公开作品主要有三个原因。首先，和真实性一样，公开展示项目成果可以大大增强学生学习的动力，鼓励学生产出高质量的作品；其次，因为 PBL 让学生将所学知识有形化，学生可以就成果进行公开讨论，而不再只是学生和老师之间的私下交流；最后，公开展示学生的项目成果能够帮助家长、社区成员和公众了解 PBL 以及它对学生的作用。

（二）如何开展项目式学习

1. 项目式学习模式

茶育课程开展项目式学习时，学生在教师的带领下，经历从选题到分组，从制定计划到收集、整理、分析信息，从撰写报告到项目发布的全部过程。通过茶育课程的开发和实施，不断提高学生学习的主动性，使他们学会从不同的角度思考问题，在搜集、整理、分析信息的同时，能够综合运用多学科知识与技能解决问题，理解茶文化，体会茶在生活中的应用。

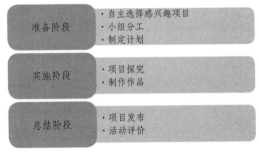

图 3-2　"项目式学习"过程示意图

（1）准备阶段

确立活动项目。为了使茶文化活动有序、生动、扎实地开展，避免盲目性，增强目的性、灵活性，首先要对参加活动学生进行项目活动动员。

① 自主选择感兴趣项目

通过茶图片引发学生的思考：你现在想了解关于茶的哪些知识？围绕茶，我们可以开展哪些研究？学生填写问题采集卡。

问题采集卡：

我们想研究的问题	
我们想开展的活动	

② 确定研究问题

a. 同学们提出了很多问题，有一些可以进行合并归纳，你们看看有哪些？

b. 教师引导学生对问题进行归纳整理，形成研究主题。

教给学生整理问题的方法，筛选这些主题活动的价值意义，判断我们是否有能力有条件开展活动，选择有意义、容易实现的主题项目。例如在茶育课程中有关于茶具的内容，其中茶壶是大家耳熟能详的话题，我们可以把主题定在茶壶的设计，驱动问题为：如何成为小小茶壶设计师？通过这样的主题我们可以拿出什么样的成果或者是产品呢？引导学生考虑主题活动的价值意义和我们是否有能力有条件开展活动，进行主题的确定和选择。

③ 小组分工

a. 自由结合 5—6 人为一个小组（教师协调）。

b. 推选组长，并给自己的小组命名。自愿结合成研究小组，选出组长。尊重学生的自主能力。

④ 制定计划

好的计划是成功的一半。引导学生共同制订出研究方案，提高学生设计与协调能力。下面是学生们设计的计划样表（见表 3—1）。学生在制定方案的过程中，教师结合以前的案例，对学生在研究方法的选择上进行指导。通过录音、录像、拍照、记录、观察、采访，学生修订完善本组制定的计划表，使活动计划更具有可行性、可操作性。

通过分组讨论、填写计划表、小组代表汇报的方式，激发学生学习的积极性，培养学生的合作意识和竞争精神，让他们学会合作、倾听、评价，为终身学习奠定基础。小组长带领组员将下表填写完整。

表 3-1 《茶文化》研究计划表

小组名称				组长		
活动主题						
活动时间						
小组成员						
具体分工						
研究方式	参观、采访、访谈、调查、上网查询、照相					
研究过程	1.					
	2.					
	3.					
成果展示方式	展板录音	演讲 DV 短片		撰写报告	手抄报	小漫画
活动中的注意事项						

（2）实施阶段

① 项目探究

采用课上课下相结合的方式开展。

资料的收集整理是本课的重点，要用看、记、拍、访、查、议等方法开展活动。

看一看：实地考察，到学校周边的茶馆调查研究。学生互帮互助，协同开展，无形中促进学生的交往、分享、合作等社会实践能力的提高。

问一问、拍一拍、记一记：以小组为单位进行采访，通过团队合作，实践采访的技能，了解茶的相关知识。

查一查：学生分组多角度多渠道地搜集相关资料，上网或到图书馆、茶馆等单位，了解茶类知识，进行自主学习。

议一议：指导学生讨论不同性质的资料可以用什么样的方式展示出来，能做到重点突出，反映研究过程。展示方式要根据自身的特点，做到扬长避短，不要面面俱到，要把自己感受最深、收获最大的一面展示出来。

通过不同途径获取资料，指导学生运用调查、观察、访问、拍照、录像等方式收集资料，并指导学生真实记录个人体验，为后面进行项目发布做好准备。

② 制作茶相关作品

茶类产品可以是视频、思维导图或茶壶的成品。学生通过亲自动手制作，培养想象力和创造力。

（3）总结阶段

① 项目发布

指导学生发挥个人专长，合理分工合作，展示研究成果——制作的产品。通过教师全过程的组织、指导和参与，学生学会怎样开展活动。

② 活动评价

本次实践活动给你留下深刻印象的是什么？为什么？

你对这次实践活动有何建议？

2. 开展项目式学习

"以学生发展为本"，培养学生的创新意识和综合实践能力，开发好的茶育课程，创设新的教学方式，寻求最佳的教学效果。项目式学习对茶育课程的开展具有促进作用。

（1）让茶文化课程体现多学科融合

茶育课程不同于传统的单学科的教育方式，而是紧贴学生生活实际，打破学科壁垒，鼓励孩子多学科融合，以茶文化为轴，引导学生围绕实际问题进行学习，运用多学科知识动手实践，解决问题，提升综合素质。

① 有较强的指导性和实践性

学生在项目探究中亲身探访，亲自研究，老师进行学习探究方法的指导，引领学生实践。

② 突出知识线和能力线并行

在茶文化研究的过程中，一方面有"知识线"的脉络：茶文化随着时间的推移，时效性强，使学生通过学习获得丰富、即时的知识；另一方面还有"能力"的实践环节：课上的方法指导课，如何选题，如何研究，如何采访，如何整理资料，如何汇报交流，课下亲身实践，提升学生的综合能力，构成"能力线"。

（2）让中华民族思想根植于心中

茶文化闪烁着古人的智慧光芒，成为中华民族历史文化的重要组成部分。今天的学生拥有物质极大丰富，但是缺乏有力的精神支持，通过茶育课程的实施，学生对于茶文化的了解更加深入，由知道到热爱，情感不断提升，传承民族文化的意识也大为增强。抓住有意义、可辐射放大的教育点，拓深拓宽教育内容，可打开学生的视野，进行多元深层的交流。

（3）让学生的思维火花燃成火焰

在设计的过程中，我们要引导学生，在身体和大脑之间建立起联系，要让孩子在真实的世界和抽象的思维之间不断地建立起联系，引导他们进行深入地思考和学习。茶文化内容丰富，老师可以带领孩子说说所见、所感、所思，每个学生都能自主地参与其中。

在茶育的课程中带领学生绘制茶具的思维导图，以某一个项目为主题关键词，逐渐扩展，找寻和茶之间的关系，有利于学生构建一个完整的知识体系，对多个知识点进行有效整合。随着思维导图的构建，学生思维得到发散，促使学生更加乐于观察生活，提升学习效率，同时有助于学生个性的发展，创造能力的形成。

（4）让学生的学习有价值

一方面，茶育课程的开设，使很多学生的学习能力得以不断提升，加深了学校、社会、家庭的密切联系，形成教育合力，对学生、家庭都有重要的帮助和指导作用。

另一方面，通过学习介绍茶的礼仪、知识、作品等内容，学生能更好地了解茶文化知识，在学习过程中培养搜集、整理、发布信息的能力，培养多元智能发展。学生在亲身体验中确实有很多收获，学到了不少课本上没有的知识，激发了求知欲，也锻炼了多方面的能力。学生在对茶文化有更深一步的认识与了解的基础上，感悟祖国文化的博大精深，用自己的方式表达对祖国传统文化的喜爱。鼓励学生们对自己感兴趣的问题自主展开调查、研究等活动，从而达到让学生们亲自去体会中华传统文化的目的。

（5）让学生留下快乐的足迹

为了充分展示学生探索自然、触摸茶文化的学习轨迹，老师可随时记录学生的研究过程，给他们拍下活动的照片，给孩子建立成长档案袋，学生的问题、讨论、实践、成果都以图文、照片、表格等多种形式呈现。这些真实记录学生学习与成长足迹的资料，将促进学生健康快乐发展。例如，将学生制作茶杯口袋的过程，用记录表和相机记录下来，孩子们在制作的过程中也种下了希望，充满着好奇与喜悦，体现了"我参与，我体验，我快乐"。

二、特色茶壶的设计

课程主题	特色茶壶的设计		时长	1.5 小时
学情分析	学生对茶文化、对茶壶设计制作有兴趣，本课程适用于中年级学生。与低年级学生相比，他们经验更丰富，欲望更强烈；与高年级相比，他们参与活动的热情更容易被带动，更愿意思考，想法也更灵活大胆，愿意参加研究活动			
设计思路	中国是茶的故乡，茶文化博大精深，源远流长。茶已经深入我们生活的各个领域，茶壶也越来越被人们所重视，它的内涵及作用也正在不断扩大、延伸。本次主题活动是茶壶的设计，作为教育者，我们应该引导孩子们用鉴赏的眼光来认识茶壶的结构，了解茶壶的历史。茶壶历史悠久，造型各异，设计茶壶是少年儿童最感兴趣的话题，大家在研究茶壶的过程中可以学到很多东西，因此，如何引导学生正确设计茶壶就显得十分必要，但现行教材中没有一课是如此安排的，故本课内容是针对学生感兴趣的问题而设计的			
活动目标	价值体认：激发学生对中国茶的喜爱，提高学生动手实践的能力 责任担当：通过观看曼生十八式图，了解紫砂壶的历史，宣传中国茶文化历史 问题解决：根据学生对茶壶的兴趣点，引导学生进行讨论，使学生多角度、多方面去认识问题、分析问题、解决问题，锻炼学生寻求多种方案解决问题的能力 创意物化：通过实践学习，开阔学生思维，激发他们各方面才智，综合学生的多方面知识和能力进行体验设计创作紫砂壶			
教学重点	紫砂壶的历史			
教学难点	用超轻黏土设计制作紫砂壶			
教学准备	教师准备：布置搜集有关茶壶的材料 学生准备：剪刀、铅笔、彩笔、胶棒、白纸、硬纸板、橡皮泥、超轻黏土等物品			

	活动过程
活动导入 （10分钟）	1.同学们，我在每张桌子上泡好了一壶茶，请你们先喝一杯茶，请各小组长为自己的组员斟上茶 2.组长倒茶，学生品茶 3.味道怎么样？（清香、苦、涩、回味微甜等） 4.你们喜欢喝吗？学生回答，教师归纳 5.其实喝茶对我们身体是有好处的。在我国，喝茶有着悠久的历史，并形成了一种独特的文化——茶文化。当然，要想喝上一杯好茶还是很有讲究的，其中泡茶的工具就非常考究，泡茶用什么工具呀？茶壶 6.今天就让我们一起来看看这小小的茶壶，感受一下茶壶的魅力。(揭示课题) 【设计意图：安排学生喝茶也是让学生初步体会茶文化氛围的过程，激发学生的参与兴趣和热情】
茶世界的探索 （35分钟）	1.茶壶的特征 那你们对茶壶了解吗？现在让我们来仔细地观察桌子上的茶壶，看看它们的特征 观察并讲述观察结果 壶身、壶嘴、壶手、壶盖（组成部分） 瓷壶、盖碗、陶壶、紫砂壶……（种类） 【设计意图：让学生零距离接触茶壶，感受不同材质、造型各异的茶壶的色泽、形状和空间结构】 2.茶壶的样式 （1）学习曼生十八式图 曼生十八式即陈曼生创作的十八种紫砂壶款式。传世"曼生壶"，无论是诗，是文，或是金石、砖瓦文字，都是写刻在壶的腹部或肩部，而且满肩、满腹，占据空间较大，非常显眼，再加上署款"曼生""曼生铭""阿曼陀室"等等，都是刻在壶身最为引人注目的位置，格外突出 【设计意图：鼓励学生主动观察、积极发言，激发学生已有知识储备，以团队荣誉为激励进行知识文化学习。鼓励每一个学生参与互动】 （2）学习紫砂壶的造型特点 ①半月壶："海上生明月，天涯共此时"，唐朝诗人张九龄笔下的千古名句在构筑美妙意境的同时，也给壶艺创作留下了极大的想象空间，可以用紫砂壶诠释对生命、文化和艺术的理解，表达了中华传统文化中"月圆人圆"的向往 ②扁腹壶：或者叫扁仿鼓壶，因壶身矮、壶口大而得名 ③大彬提梁壶：时大彬的贡献之一就是器型上"改大为小""改俗为雅"，奠定了紫砂壶基本的审美倾向，使紫砂壶能进入文人生活，提升了紫砂壶的文化内涵。这也让时大彬成为紫砂宗源上的一座高山，让无数后人仰止 ④德钟壶：德钟壶型为钟，"德"是修辞，代表作品是邵大亨的德钟壶，器形端庄稳重，比例协调，结构严谨，泥色紫润，系佳天青泥之呈色 ⑤掇球壶：掇，落起来的意思；掇球，落起来的球。掇只是大亨，掇球壶是

活动过程
典型的几何型传统圆壶式，也是优秀的紫砂壶代表款式之一。它的基本造型是壶钮、壶盖、身壶，由小中大三个顺序排列的球体组成，壶腹为大球，壶盖为小球，似小球掇于大球上，故称"掇球壶" ⑥葫芦壶：葫芦壶是曼生十八式中的一款，深得艺人们的喜爱，更是玩家的收藏佳品，时下珍藏的便是杨彭年制的套环钮葫芦壶。这款壶身洒冷金斑，壶体设计新颖。造型呈葫芦状，壶流短直而微向上翘，把成半环形，盖顶设有套环钮装饰。整器形制的线条以浑圆为主，流畅。壶腹阴刻行书铭文："为惠施，为张苍，取满腹，无湖江。"署"曼生铭"。把梢下有"彭年"方印，壶底钤"阿曼陀室"方印。此乃陈曼生、杨彭年两人默契配合所制之壶，可谓珠联璧合，"壶依字传，字随壶贵"，为鉴赏家视为钟爱的"曼生壶" ⑦秦权壶：秦统一六国后统一了度量衡，"权"就是用来称量重量用的秤砣，"秦权壶"就是仿其外形。谁最早创制了秦权壶不得而知 ⑧美人肩：紫砂壶宛如古代女子端庄可爱，又带点宫廷的雍容华贵。造型饱满，大方得体，以体现圆润的壶身为主，壶盖与壶身仿佛合为一体，没有空隙，用手抚摸上去，能感受到它的温暖。美人肩作为传统器型是由清代的老作品演化而来，是一款器型，以古代美人的肩线及丰腴美妙的曲线，幻化出动人心弦的壶形。同一种器型在不同的工艺师手里能够表现出不同的神韵与气韵来。此壶制作上的难度在于用全手工打出柔顺怡人的线条和盖面和壶身的过渡，以及流畅无碍的长三弯流，故古今皆被陶家视为难掌握的造型品种之一！ ⑨石瓢壶："石瓢"早称为"石铫"，"铫"在《辞海》中释为"吊子，一种有柄、有流的小烹器"。"铫"从金属器皿变为陶器，早见于北宋大学士苏轼《试院煎茶》诗："且学公家作名钦，砖炉石铫行相随。"苏东坡把金属"铫"改为石"铫"，这与当时的茶道有着密切的关系。苏东坡贬官到宜兴蜀山教书，发现当地的紫色砂罐煮茶比铜、铁器皿味道好，于是他就地取材，模仿金属吊子设计了一把既有"流"（壶嘴），又有"梁"（壶提）的砂陶之"铫"用来煮茶，这"铫"也即后人所称的"东坡提梁壶"，这可谓早期的紫砂"石铫"壶。从留传于世的石铫壶看，陈曼生、杨彭年时期已有了很大的变化，更趋向文人化、艺术化。"曼生石铫"主要特色是上小下大，重心下垂，使用稳当，壶嘴为矮而有力的直筒形，出水畅顺，壶身呈"金字塔"式，观赏端庄。"曼生石铫"与"子冶石铫"相比，虽同为杨彭年所制，但前者更显饱满而丰润，后者则刚烈而古拙，这可能是人的个性在制壶艺术上的表现。那么，紫砂"石铫"何时称"石瓢"呢？这应从顾景舟时期说起，顾引用古文"弱水三千，仅饮一瓢"，认为"石铫"应称"石瓢"，从此相沿均称"石瓢壶" ⑩笑樱壶：发自明代，型制沉重扎实，有种不妥协的硬汉风格，有行家以激昂之态介绍其冲茗特性："冷酷的外表，蕴藏着火热的心，冲茗热情豪放，

活动过程	
	醇厚而韵强，香甘温甜，明快果决，壶中英雄也！"笑樱以交融而又谐调之态漫流的几种色彩，表现出传统文化中的"君子和而不同"的精神内质。理论学者解释说："和"通"合"，都是一种含蓄的"吉祥"文化心理法则。"和"代表顺和、祥和、和气、和谐，表现一种舒展开阔的生活情感；而"合"代表融合、综合、合适、合作，表现一种中庸淡定的处世态度 【设计意图：学生分组进行尝试、详细记录在学习单上，最后得出结论】
巧手制作 （40分钟）	1.教师讲解制作紫砂壶的步骤及方法以及工具的使用方法 2.教师投影展示 3.看了这些造型各异的茶壶，我觉得茶壶可真是变化多端，你们觉得呢？谈感受 4.你们想不想自己来设计制作一把茶壶呢？ 5.用自己喜欢的方式设计制作一个有特色、有创意的茶壶（泥塑、剪纸、废旧材料的拼搭）也可几个人一起分工合作完成一套作品 6.学生创作，教师巡回辅导 【设计意图：此环节让学生稍做休息，同时拓展学生的知识】
课程总结 （5分钟）	1.鼓励每名学生都发言 2.教师简短点评，鼓励学生的优点，修正学生的错误 3.以礼结束活动 【设计意图：鼓励学生及时总结自己所学、所想。通过每人一句话了解学生的关注点、兴趣点】
活动评价	1.你记住了几种曼生十八式？说出他们的名字 2.你对自己的茶壶设计满意吗？请说明理由
课后延伸	1.将紫砂壶文化知识介绍给自己身边的三位家人或好朋友 2.带回自己的作品，和家人一起制作，并进行讲解 3.尝试制作自己创作的紫砂壶壶型，并说说自己的想法

改进建议：

1. 以不同主题实践探究活动

主题实践探究活动依据提供的推荐主题进行设计，一共由三部分内容组成，目的是为学生的研究活动提供可参照的范例，提供方法的指导。学生也可参照范例研究自己感兴趣的问题（即自拟主题）。

（1）茶壶的历史

让学生从茶壶历史入手，组成研究小组，对身边的家人、邻居、亲戚进行调查，了解茶壶有哪些悠久的历史，可以提前设计调查表，拟好调查提纲，然后以小组为单位开展实际调查活动。也可以通过网络查阅或者阅读有关茶壶的书籍，搜集相关资料。

（2）你最喜欢的茶壶（茶壶的造型）

了解各种各样的茶壶，结合曼生十八式给孩子们进行介绍，然后分组自由讨论：你最喜欢其中的哪一种茶壶？说说喜欢的原因。孩子们谈自己喜爱的茶壶，把讨论的结果填写在书上，不会的字可以写拼音。最后请同学互相交流。列出同学们最喜欢的茶壶排行榜前十名，为交流展示做好准备。

（3）设计我的茶壶

开办茶壶教室，介绍茶壶是艺术家通过想象创作的，这种想象是超越现实的。只要大胆地想象，设计的茶壶一定精彩。设计茶壶时可以与动植物相结合，注重茶壶的夸张造型以及生动有趣，特别要谈到对茶壶的造型曼生十八式的认识，把书画刻在茶壶上。通过形象丰富，具有鲜艳、明亮、对比性强等特点的设计，同学们认识到茶壶的设计是人物内心的情感世界的外在表现。在认识茶壶的基础上，再介绍茶壶的制作方法，会对学生有所启发，激发学生创作的灵感。

发挥学生的创造力和想象力，请同学设计一个符合自己个性特点的茶壶。要使茶壶设计更具艺术魅力。在设计之前要先思考再行动，用绘画的形式先把它画出来，同时可以配以简要的说明，说明自己的设计初衷，培养学生的语言表达能力。设计完成后选一些好的作品让大家参观、欣赏，也可以请本人当讲解员，由学生进行评价。学生用自己喜欢、擅长的形式来表现茶壶，主体性与个性得到充分展现。老师可以帮助提供工具。

创编茶壶故事，同学们可以自由结组，各尽所能结合自身的特长，灵活地运用所学知识，充分展现自己的才华，运用文学、音乐、绘画及语言表达等各方面能力，合作创编一个茶壶故事。

2．注意创设情境，采取多种方式

注意贯彻趣味性原则。创造一个和谐、愉悦的活动环境和氛围，可以采取闯关游戏的方法，尽可能地把每一位学生的积极性都调动起来。

本项活动中，学生是主体，课堂是学生的课堂，把课堂还给学生，老师为教学服务。教师要提高自身素质，以满足信息量多、需求不同的学生，允许学生之间存在差异。制作茶壶时，老师要引导学生用泥塑、纸艺、超轻黏土等多种材质及拼搭方法表现自己的小茶壶。本活动涉及语文、音乐、美术等各个学科领域，采用自主探索、合作讨论、分组表演等多种学习方式，兼顾传统与现代的多种教学手段进行。

在这堂课上，主要是如何认识茶壶、评价茶壶、表现茶壶历史文化，并不追求师生形成统一答案，而是希望师生在互动对话中、在争论合作中、在不同形式的学习中，自己去感受、体会，展示自己的个性风采，共同建构各自对茶壶的理解，这应该是课堂教学的追求。

三、保护杯子的小口袋

课程主题	保护杯子的小口袋	时长	1.5 小时
学情分析	适用于高年级学生，他们具有一定的劳动技能，动手能力比较强。学生有通过思考产生创意、形成设计思路的能力		
设计思路	布置项目任务，用茶杯束口袋解决茶杯方便携带的问题。学习了解茶杯束口袋的材料、制作的基本针法和步骤，设计自己的茶杯束口袋		
活动目标	价值体认：增强学生节约环保、卫生安全的意识，陶冶情操，激发对美好生活的向往 责任担当：通过茶杯束口袋的制作体验，培养尊重他人劳动成果、服务他人的责任意识 问题解决：掌握束口袋制作的基本针法和步骤，学会制作束口袋 创意物化：通过对束口袋制作方法的学习以及布料的合理利用，独立缝制束口袋，培养学生的创新意识和审美能力		
教学重点	掌握布料的剪裁方法与束口袋制作的基本针法和步骤		
教学难点	基本针法的灵活运用		
教学准备	布料、针和线、结绳两根、剪刀		

活动过程	
活动导入 （10 分钟）	1.同学们，请欣赏下面几张图片，它们都是什么材料做成的？（展示课件：制作精美的束口袋图片，欣赏作品，从材质、色彩、款式等方面感受布艺制品带来的温馨感、舒适感和个性魅力） 2.同学们，这些束口袋不仅外观精美而且还很实用呢。在日常生活中，外出郊游、参加茶会活动时我们往往都会为自己随身携带一个品杯，并将杯子装在束口袋中方便携带，既实用又美观。同学们想不想动手做一做呢？看到桌面上已经准备好的针、线、布了吗？先来熟悉一下制作所需的材料，然后一起开始我们茶杯束口袋的制作 【设计意图：让学生欣赏丰富多彩的束口袋作品图片，既能激发学生的学习兴趣，又能唤起学生对制作的热情】
自主探究 （20 分钟）	1.自主学习 （1）在开始我们的创作之前，请同学们先来观察你们面前的束口袋成品，想一想它的制作过程应该是怎样的？观察作品中运用了哪种缝纫的针法？ （2）学生带着问题自主学习，自学后小组代表发言总结，其余学生做补充 制作流程：选布料、量尺寸、裁剪、缝制、穿绳 2.学习针法：练习布艺制作的基本技能 刚才同学们自学了解了布艺制作的相关知识，下面以小组为单位交流并练习制作的常用针法（平针法） 3.巡视指导，及时发现学生在练习中产生的问题，学生学会平针法，并且能够灵活运用 【设计意图：让学生带着问题自主探究，先观察了解束口袋的特征，再了解制作的针法和步骤，培养学生自主学习和分析总结问题的能力。在了解制作常用针法和制作过程的基础上，尝试平针法的练习，把学习的主动权交给学生，既能激发学生的学习兴趣，又为下面的活动做好铺垫】
设计制作 （40 分钟）	1.学生小组讨论束口袋的创作思路，确保每位同学都能积极参与进来 老师出示多媒体课件： （1）将布料剪裁成长 44cm、宽 20cm 的长方形 （2）在布的长边 8cm 处，剪出 4 个 1cm 的开口 2.学生分组按剪裁步骤进行制作。老师巡视指导，确保剪裁位置的正确 老师出示多媒体课件： （1）将布横向对折，如两面有颜色区分，请将束口袋里面朝外，并将开口处向上折叠 （2）采用平针法，将此边缝合 （3）按相同方法将四个边全部缝好，并再次对折

活动过程	
	3.学生采用平针的缝制方法完成四条边的缝合。此环节老师巡视指导,提示学生注意针脚的疏密程度 老师出示多媒体课件: (1)分别将一前一后两条缝好的边向外对折,并且进行缝合 学生按照老师出示的图示继续将两条边缝合 老师出示多媒体课件: (2)将剩余的两条侧边同样采用平针法缝好 (3)所有的边全部缝好后,将束口袋进行翻面 (4)准备好两根绳子,从袋口的一端穿入从另一边穿出,打结固定,另一条绳子采用相反的方向穿入。两条绳子全部穿好,制作完毕 学生将剩余边线缝好,进行翻面、穿绳的工序,完成制作 【设计意图:在实践体验过程中,应充分发挥已经熟练掌握针法同学的优势,老师巡视指导,确保每位同学都熟练掌握针法以及制作的步骤】
展示评价 (20分钟)	1.小组互相欣赏、评价。小组内评价选出针脚最紧密、针距最匀称的作品 2.优秀作品全班展示 3.老师根据学生的完成情况,及时评价并对学生再次进行指导 【设计意图:本次活动采用多元的评价方式。有老师评价、小组互评、学生自评,真正让学生人人参与,找到制作的快乐。同时,培养学生用欣赏的眼光看待别人】

活动评价方式	项目	指标	分值	评分
	创意设计	作品设计主题概念明确,具有时尚性和独创性,面料选择恰当,色彩搭配合理	4	
	作品效果	有艺术美观性,有实用价值	3	
	制作工艺	针脚严密,针距匀称	3	
	总分			

课后延伸	1.把自己制作的作品送给自己的亲人,并说出你的想法 2.向同学宣传茶杯束口袋的用处,鼓励同学和家人一起制作

改进建议:

1. 从学生已有知识出发,激发学生的学习兴趣

这节课老师能够细致地进行讲解,步骤清晰,利用观察、模仿、实践等活动自然流畅地将学生引入本课的学习,激发了学生深入探究茶杯束口袋的欲望,增强了学生的学习兴趣。

2.教学环节的设计应更符合项目式学习的特点

在项目式学习中，老师应该在课堂上根据项目提出问题，请同学们先来观察面前的束口袋成品，想一想它的制作过程，引导学生根据问题引发思考，提出创意设计，不断地发现问题、分析问题、解决问题而不能只是单纯地去教步骤，以激发孩子们的创新兴趣。课上采用多种奖励机制，根据创意进行制作，物化成果，建议在设计制作过程中，针对诸如布料、材质、图画等，同学们可以根据自己的喜欢程度来搭配。在展示评价环节，要论证成果的特性，最好加一个环节：修改完善作品。

3.有特色的评价，提高学生的学习效果

本次教学活动后，组织学生对自己制作的成品进行展示，从不同项目进行自评、师评、互评，这不但体现项目式学习的特色，还能更有效地促进学生课堂学习习惯的养成，从而大大提高课堂的教学效果。

四、"茶香美食的创意制作"课程设计

课程主题	茶香美食的创意制作	时长	1.5 小时
学情分析	适用于高年级学生，他们知识的学习与信息的储备是足够的，但缺少动手实践的机会与能力，茶香美食的课程可以将他们的知识和实践劳动技能紧密结合		
设计思路	以学生为本是开发茶香美食课程的核心，重点是培养学生的创新精神和实践能力，关注学生的主体性，培养身心和谐发展是活动的突出特点，让学生学习了解茶香美食，亲自动手制作美食		
活动目标	1.价值体认：通过学习热爱祖国的茶文化 2.问题解决：学习印花茶蛋、抹茶糕的制作方法，增强学生的动手能力 3.创意物化：亲自制作印花茶蛋和抹茶糕		
教学重点	印花茶蛋和抹茶糕的制作方法		
教学难点	分组尝试看图示制作印花茶蛋		
教学准备	生鸡蛋3枚、不同形状的蔬菜叶或较平整的干茶叶底、医用纱布、线绳或皮筋、浸泡鸡蛋的碗1个、红茶2g、清水、调料（生抽、老抽、冰糖、盐、花椒、八角）、抹茶粉适量、蒸熟的绿豆泥、模具、食用油、砂糖、麦芽糖、电子秤、电磁炉、小锅		

活动过程	
茶叶美食探索 （25分钟）	**活动一：茶叶蛋** 1.茶叶蛋 （1）同学们，大家一定都吃过茶叶蛋吧！（教师出示茶叶蛋）印花茶蛋大家知道吗？今天，我们就一起来学习印花茶蛋的制作方法 （2）教师介绍操作材料及工具 第一步：我们需要把常温下的鸡蛋外壳用清水洗净放入装凉水的小锅中，水要没过鸡蛋的一半 第二步：打开中火煮至7分钟关火焖2—3分钟，这样煮出的鸡蛋很有营养 第三步：我们可以利用煮鸡蛋的时间来调制印花茶蛋的调料汁 调料分别有：清水120g、红茶1g、糖2g、生抽2g、老抽2g、盐1g、花椒少许、八角1颗 第四步：将清水及所有准备好的调料放进小锅中，小火煮沸晾凉备用 第五步：将煮熟的鸡蛋放入凉水中1分钟后取出剥皮备用 2.介绍印花茶蛋的制作步骤（投影展示） 第一步：我们将准备好的香菜叶平整地贴在鸡蛋上，用纱布包裹住整个鸡蛋并用皮筋扎紧鸡蛋的底部 重点：茶叶要放在纱布的中间位置 第二步：所有的鸡蛋都完成包裹之后，将绑好的鸡蛋正面朝下浸泡在已经准备好的调料中，浸泡4个小时以上 重点：调料汤色的深浅会对花纹呈现的清晰度有影响 茶蛋虽然是一种很常见的传统小吃，但它蕴含着很多中国文化，立夏节气有吃茶蛋的习俗，而且有"立夏吃了蛋，热天不疰夏"的说法。炎热的夏天大家会有食欲减退的现象，立夏当天大人在孩子们的脖子上挂上各种各样的茶蛋可避免疰夏，因此立夏节气吃茶蛋的习俗一直延续到现在。你们知道吗？现在浙江金华市的举岩茶制作出的茶蛋最为有名，味道醇香浓厚、滋味鲜美。品尝美味的同时也品味着中国文化 **活动二：《抹茶糕》** 1.新授知识 提问：大家知道哪些茶食呢？ 2.展示PPT 提问：看看这是什么？ 3.介绍制作材料及工具 抹茶粉适量、蒸熟的绿豆泥、模具、食用油、砂糖、麦芽糖 4.讲解操作步骤 ①将绿豆泥放入不粘锅中翻炒 ②加入砂糖、炒制融化 ③再放入麦芽糖炒化 ④炒至绿豆呈干散状 ⑤盛出晾凉加入抹茶粉 ⑥取50g抹茶绿豆泥成团放入模具中压出漂亮的抹茶糕

活动过程	
课间茶游戏 （10分钟）	学生进行分组，商议体验活动中的分工 【设计意图：阶段性总结知识、文化。通过小组分享、师生评价巩固学习重点，培养学生分析、总结、表达、合作等能力】
实践操作 （40分钟）	1.学生操作，教师巡回指导。茶香美食共有两种茶食制作体验，可分组进行。印花茶蛋可提供制作步骤图供学生参考。抹茶糕的制作中教师可巡回指导 2.教师指导学生整理用品及桌面卫生，学生之间相互帮助 （1）清理、摆放用品。擦拭桌面、地面，营造整齐美观的教学环境 （2）播放清雅的音乐营造氛围（琵琶语） 【设计意图：以教会方法、形成习惯为目的，组织学生进行教学活动的物品整理。培养学生动手能力，增强劳动意识，逐步养成有始有终的良好品德】
分享品尝 （10分钟）	【设计意图：让学生知道茶叶的多种用途，开阔学生眼界，了解茶食品的多样性，感受到自己的劳动果实】
课程总结 （5分钟）	1.鼓励每名学生都发言 2.教师简短点评，鼓励学生的优点，修正学生的错误 3.以礼结束活动 【设计意图：总结本次活动的得与失，为拓展活动做准备】
活动评价方式	用视频、照片等方式进行记录，形成档案袋进行评价
课后延伸	1.印花茶蛋还可以用哪些蛋来制作？ 2.我们选用的茶叶除红茶之外还能用哪些茶叶？味道一样吗？ 3.在家中尝试制作，请家长品尝

改进建议：

1.介绍搜集资料的方法，培养学生掌握信息的素养

在活动中老师介绍了有关茶的一些美食，其实不局限于这几种。可以教给学生搜集资料的方法，并演示上网搜集资料的过程，使学生比较直观地了解上网的方法，从而搜集更多的茶美食自己进行研究，让整个活动丰富、活跃起来。

2.多开展一些活动方式

根据兴趣可以自愿结合成研究小组，也可以个人进行实践研究，还可以做成一个长主题的活动，包括搜集资料、模仿制作、研究新品、作品创新几个基本步骤，其中研究新的茶食应该作为亮点。在模仿制作时，教师可以让学生做完后及时在班里进行展示，通过研究也让学生保持科学、严谨的研究方法。

五、如何制作保健茶枕

课程主题	如何制作保健茶枕	时长	1.5 小时
学情分析	适用于中年级学生,他们求知欲和好奇心强,喜欢模仿。学生对茶文化、对设计制作有兴趣,愿意参加研究活动。但因年龄小,知识有限,对茶枕的样式、制作等了解甚少		
设计思路	布置项目任务,尝试设计制作茶枕,能废物再利用。茶叶枕头不仅有茶叶的芳香,而且枕着睡觉容易促进睡眠,对颈椎有一定保护作用		
活动目标	价值体认:让学生懂得勤俭节约,做一个心灵手巧、勤俭节约的小茶人 责任担当:通过自己动手制作茶枕,让学生懂得废物再利用、勤俭节约的责任意识 问题解决:通过欣赏制作好的茶枕,知道茶叶不仅可以饮用,茶叶底还可以用来制作茶枕 创意物化:设计制作属于自己的茶枕		
教学重点	了解茶叶底的用处,制作茶枕		
教学难点	茶枕的制作		
教学准备	1.学生注重着装,准备笔、本 2.提前向学生及家长布置活动准备内容,请家长带领学生在家晾好茶叶底,准备分享自己的感受。学生查阅茶叶底的相关知识 3.冲泡白茶的用具 4.水盂、奉茶盘、品茗杯、热水壶、玻璃壶		

活动过程	
课前交流 (10 分钟)	1.学生将自己准备的预习资料分组进行分享 2.师生问好,整理仪表,调整姿态。通过鞠躬礼问好、伸掌礼敬茶引导学生重礼亲师、友爱同学 (1)我是优雅的小茶人 复习站姿、鞠躬礼、伸掌礼 (2)向老师行礼 "老师好",向老师行鞠躬礼 (3)向老师、同学敬茶 学生端茶杯,复习敬茶动作,行鞠躬礼,敬茶 【设计意图:活动前学生有目的地自主交流,促进同学相互了解,增长知识。教师以身示范,通过自身仪表、行为为学生做榜样。指导学生体验礼仪行为,并实践操作】

活动过程	
学习茶叶的利用 （20分钟）	茶叶除了可以品饮茶汤之外，茶叶底还可以再利用。如何再利用呢？就这个问题，教师组织学生、家长进行回答。（欣赏茶叶底制作的茶包、茶枕等作品） 【设计意图：通过主题讨论，了解茶叶底的再利用性，加深学生及家长对茶叶的认识，明确茶叶除了品饮，茶叶底还可以废物利用，制作成茶枕等】
品鉴白茶 （20分钟）	1.教师进行白茶冲泡示范，学生及家长欣赏、品茗 2.教师组织学生共同探讨冲泡后的白茶叶底如何处理，待完全干透后如何用来制作茶枕 【设计意图：通过教师展示白茶的冲泡，引发学生的探究兴趣。通过学生分享前期的准备，教师进行引导共同提升对茶叶底的认识。了解茶叶的用处，了解茶叶底的用处，从而使学生知道茶叶底可以废物再利用】
实践操作 （25分钟）	1.学生与家长一起设计动手缝制布包，填充茶叶底，制成茶枕 2.各个家庭分享自己缝制的茶枕，教师组织大家进行点评。注意学生的礼仪和声音及表达内容 【设计意图：学生实践过程，掌握布包的缝制和茶叶底的填充。与家长共同完成，体现人人参与的原则。交流中教师引导大家相互学习。这个过程也是各个家庭对自己制作茶枕的再认识的过程】
整理用具 （5分钟）	教师指导学生整理学习用品及桌面卫生，学生之间相互帮助 1.清理、摆放用品，营造整齐美观的环境 2.播放清雅的音乐营造氛围。（琵琶语） 【设计意图：以教会方法、形成习惯为目的，组织学生进行教学活动的物品整理。培养学生审美情趣和热爱劳动、有始有终的品德】
课程总结 （10分钟）	1.学生用一句话说出自己的最大收获 2.师生行鞠躬礼结束活动 【设计意图：教师总结是将正确的、重要的内容在最后一刻进行强调，起到画龙点睛的作用，特别重视审美、品德的教育】
活动评价方式	通过作品鉴赏进行打分
项目	内容	自评
评价要点	了解茶叶底的处理方法	☆☆☆
	缝制茶叶枕的技巧运用熟练度	☆☆☆
	茶叶枕的造型，缝合处是否美观	☆☆☆
	注意工具的使用安全	☆☆☆
课后延伸	1.将茶叶底的用处介绍给自己身边的3位家人或好朋友 2.回到学校，向同学宣传茶叶底的用处，鼓励同学和家人一起制作茶枕

改进建议：

1.注重学情分析，教师教授要有针对性

深入细致地了解学生的情况并以此作为起点，是教学成功的一半。以多种形式了解学生情况，例如学生缝制、设计的情况等。

2.注意细节，引导思维设计修改

这个制作茶枕的主题非常好，符合我们现在的健康理念，建议可以增加设计环节，可以给学生提供设计草图，让学生发挥自己的想象力，设计出不同形状、样式的茶枕。通过分享，巩固所学。通过探索，学会自主学习，强调学生自主完成，用自己能够做到的形式完成即可。

第二节　青少年茶文化跨学科课程设计

一、青少年茶文化跨学科课程设计介绍

（一）什么是跨学科教学

跨学科教学是指教师在跨学科课程中让学生参与到学习过程之中，通过整合多种学科来增强学科内容，从而扩充学生的知识库，增强认知能力。跨学科教学通常被认为是非传统的教学方式，是有意识地将知识、原则和价值观同时应用于多个学科，使这些学科可能通过一个主题、问题、过程或经验相关联。跨学科教学能够为教师提供创新的契机，能够激发学生的学习兴趣。

（二）跨学科教学的理论依据

赫尔巴特（Johann Friedrich Herbart，1776—1841）是德国著名的哲学家、教育家和心理学家。针对19世纪中后期分科课程的弊端，赫尔巴特依据统觉心理学原理提出科目中心整合课程。赫尔巴特认为，每门学科都与其他学科相互联系，为了实现不同学科知识的有机融合，提出了统觉原理，其原理包含历史原则、集中原则和相关原则。历史原则强调学科内知识的纵向联系；集中原则关注各学科知识的横向联系，集中原

则的具体操作流程为：确定研究主题，整合学科知识，制定探究路径，实施实践探索，收集信息证据，分析数据得出结论，着重培养学生高质量地认识问题、分析问题和解决问题的综合能力；相关原则就是要挖掘学科之间的关联，通过教学去促进和实现知识之间的有机融合，培养学生的知识迁移能力和综合思维能力。赫尔巴特及其学派的科目中心整合课程其实是逐步摆脱分科的做法，解决当时课程中知识的零碎性和知识与生活脱节的问题，克服分科课程对学生进行纯粹的知识训练的缺陷。他们的做法打破了学科结构，有利于培养具有广博知识、能根据现实情境把知识应用到社会与个人相关问题上的人。

（三）开展跨学科学习的必要性

1.改善传统的接受式教学模式

传统的课堂教学模式加上独立的学科知识体系不利于培养具有创造性思维的创新人才。传统的课堂教学模式是一种以老师为中心，通过规范统一的课堂教学传授书本知识的模式。传统的课堂教学模式往往形成老师单向灌输、学生被动接受的局面，学生在整个教学过程中都始终处于被动接受知识的地位，学生学习的主动性被忽视，这种模式不适合培养高素质的创造性人才。相对独立的学科知识体系，满足了社会分工的需要，但在现实生活中，仅靠单一学科知识，难以解决复杂、宽泛的问题。跨学科教学可以打破学科的壁垒，以整合的形式重新建构课程概念。当然，跨学科教学不是简单地将两门以上的学科进行表面化的叠加，而是利用相关学科的资源，立足学科共有的知识点，在各学科间找到"交叉主题"。例如，在茶文化课程中可以开展与茶文化相关的诗词欣赏、茶与健康知识融合、茶文化与美术课程的融合。

2.满足学生创造力的学习需要

跨学科课程的教学内容和形式重视学生实践素养的培养，这种教学模式能够满足学生创新发展的需求。例如，茶文化教师与其他学科教师开展合作，可以结合不同的学科知识，在拓宽学生知识面的同时，有助于促进学生对知识的理解和应用，能够使学生发现不同学科之间存在的联系，拓展学生的思维能力。这种创新思维的培养模式能够有效提升学习的效率与质量，提升学生的创新素养。

（四）茶文化课程跨学科教学的实施策略

在理解跨学科教学的基本概念和理论的基础上，如何在茶艺课程中实施跨学科教学呢？首先，深挖茶艺课程的基本概念、基本方法，整体构建必备知识的系统体系；其次，与其他学科教师合作研究茶艺课程与各个学科之间知识的关联；最后，寻找跨学科教学与茶艺课程内容结合的切入点，恰当地实施跨学科教学。

跨学科教学的实现形式可以从教学内容的角度切入，作为教学内容的跨学科教学是在学科群中存在的，其教学内容不再是依赖于某单一学科的课程内容，而引入单一学科之外的课程内容，对不同学科的课程内容加以联结。各学科以学科群的形式展现在学生面前，内容既独立又有联系，学生能清楚地感知到在某教学内容中有哪些学科参与其中。

基于内容的学科融合改变了单一学科彼此之间的隔离状态，使各个单一学科中相互关联的教学内容，经过筛选、组织、集群，形成一个学科群，各学科之间的界限并没有完全破坏与消解。学科群由两个或两个以上的单一学科组成，学科群所需学科应由不同教学内容而定，使既有课程存在形式更加多样，体现了超越单一学科课程的教学内容。学科群中的跨学科教学要深入探究各个单一学科的具体教学内容，以便寻求某一个可能的相关教学内容来组织各个学科的相关内容。例如，我们在美术与茶文化融合课程开发中所做的研究是有益的尝试。自古以来美术与茶文化就有着千丝万缕的联系，我们从历代流传的文物中看到了无数经典茶具，例如宋代的青瓷茶具、元代的青花茶具、清代的珐琅彩茶具。这些精美的艺术作品的呈现，让中国茶文化通过艺术的形式得到了美的升华，体现了中华传统文化典雅端庄、至善至美的品格。课程通过将花卉、图案等中国传统艺术形式绘制在茶服、茶具、茶叶包装上，使茶文化活动、美术活动与生活实际相结合，在生活中发现美、创造美，提高学生的综合素养。

跨学科学习能够从整体上提升并形成学生知识整合能力。课程以学生自身的生活需求与发展需要为出发点，注重在真实情境中解决现实问题，关注在实践中培养学生的跨学科素养。在实践过程中还会发现新的问题，这就需要在后续的融合教学中不断完善课程评价方式。

（五）不同学科教师通过合作实现跨学科教学

毋庸置疑，教师开展一定的教育实践活动需要相应的知识和能力。如同学科教学的实施需要教师的学科教学知识与能力一样，跨学科教学的顺利实施需要教师具备一定的跨学科教学知识与能力。

1. 鼓励不同学科教师参与茶文化跨学科课程建设

跨学科课程需要不同学科教师的相互配合、学科知识的相互分享，加强不同学科的学科资源整合与共享，加大课程建设工作。鼓励教师积极探索跨学科知识新领域，组建一支协同创新的教师团队，通过合作教研真正优化教师的跨学科知识结构，并不断提升教师的协同创新意识和能力。

以北京市东城区中小学教师茶艺教师培训为例，该培训近20年来一直以北京市东城区少年宫为核心，培养了来自各所学校，不同学科的茶艺教师，部分生物、语文、音乐、美术等专业的教师都报名参与培训。培训时间根据课程内容的长短，一般情况下是每周一次，持续2—3个学期。这些教师学习结束以后，可以在学校开展茶艺活动。由于教师自身还有其本专业的学科优势，部分教师就会结合自身的学科与茶文化专业知识，开发出一些很有创意的跨学科课程。不同学校的跨学科茶艺课程资源可以放在一个网络公共平台上共享，定期组织各校茶艺专兼职教师开会研讨课程纲目和内容，提出课程发展意见。通过研讨活动生成更多更有创意的课程，争取相关经费实施课程内容并及时做出评价建议，可以鼓励更多的教师积极参与到课程建设工作中老师们的学习热情和制度保障是跨学科课程得以实施的基本保障。

2. 积极与茶企建立联系，使课程与生活相结合

茶文化跨学科课程的开设不仅需要教师自身的综合知识素养，还需要调动各种社会资源，创造走出去的机会，让学生走进茶叶店、茶叶博览会、茶园、茶厂去参观走访，从生活中汲取经验，发现自己所学的课程与生活之间的联系。在实际生活中必然存在着不同学科的交叉融合，教师可以从生活中寻找跨学科教学的主题，学生可以将自己学习到的知识运用于实际生活之中，从现实生活中产生疑问，通过课堂、教师、书本解决，从而真正实现核心素养的不断提升。教师们可以在走访所在城市的老字号茶庄、当地特色的茶叶种植基地、茶厂，寻找本地特色的教育资源。不仅如此，各学校之间还需要加强合作，积极构建科研资源共享共建平台，利用网络手段不断丰富教育资源，解决教育资源短缺和不平衡的问题。

二、茶联创作

茶联是以茶为题材的对联，是一种文学艺术兼书法形式的茶文化的载体。古往今来，在茶亭、茶室、茶楼、茶馆和茶社常可见到茶联。茶联美化了环境，增强了文化气息，可以增强品茗情趣。本次活动将给同学们介绍茶联的历史、茶联的内容、优秀茶联欣赏，以及用书法的形式创作茶联。

课程主题	茶联创作	时长	2 小时
活动目标	1.知识与技能：了解茶联相关基本知识 2.过程与方法：通过教师讲解，引导学生分析、讲解、理解茶联，感受书法与茶文化、文学结合传统文化的综合性魅力 3.情感价值观：培养学生热爱中华传统文化的情感，提高学生审美能力，促进学生品茶兴趣与情趣		
活动内容	1.茶联的历史、内容等基本知识 2.茶联赏析 3.茶联组合练习 4.茶联作品书写与展示		
教学重点	掌握茶联相关基本知识，书写一副茶联，感受传统文化		
教学难点	茶联准确组合		
教学准备	1.学生注重着装 2.书法书写用具 3.卷轴		

活动过程		
活动环节	师生互动内容	教育设计
茶礼复习 （5分钟）	师生复习巩固上次课学习的茶礼知识，教师及时纠正学生的动作偏差，提醒大家注意动作要领 1.小茶人仪态展示（站姿、伸掌礼、坐姿） 2.学生行礼，教师回礼（敬茶礼和谢茶礼）	复习、检查、指导礼仪知识，注重礼仪，教师带领学生"以礼相待""彼此尊重"，做一名优秀小茶人
	教师提问：什么是茶联？你在哪里见过？学生举手回答（5分钟） 教师结合学生所言，引领学生更深入、系统认识茶联（30分钟） 1.茶联历史 宋代：茶联伴随着茶文化发展而发展，宋代是茶文化发展的重要时期，茶联出现时间也不晚于此时期	

活动环节	师生互动内容	教育设计
认识茶联 （35分钟）	清代：文人墨客通过诗书画印把茶文化推向新的高度。在茶联方面，最有影响的莫过于画家、书法家郑板桥，留世有经典茶联12联 现代：伍宝林，创作《百茶联》 2.茶联内容 关于制茶：瑞草抽芽分雀舌，名花采蕊结龙团 雀舌是台江名茶"茉莉雀舌"；龙团是宋时福建贡茶；抽、采为动词，是制作茶叶的步骤之一 关于品茶：茶香高山云雾质，水甜幽泉霜雪魂 本茶联称颂所用茶、水之俱佳 内容特点总结：以静、雅为主。宣传茶文化，美化环境，激发品茶情趣 3.茶联特点 分析茶联"楚尾吴头，一片青山入座，淮南江北，半潭秋水烹茶"认识、总结茶联特点 ①字数相等（避重） ②词类相当（名对名，动对动） ③结构相应（主谓对主谓，动宾对动宾） ④平仄相对（尾字上为仄下为平）	学生较系统、深入地了解茶联历史等相关文化背景知识，激发学生对优秀传统文化的探究兴趣
茶联赏析 （20分钟）	茶联赏析：根据上面所讲的茶联相关知识，教师引导学生试着赏析茶联	学生试着赏析茶联增加学生学习热情与兴趣，巩固基础知识学习内容，加深学习印象
茶联组合 （10分钟）	教师给出下列茶联词语，学生择词组合成联。注意茶联特点相关知识的运用 墨兰　宣德纸　香茗　雷文　日铸　新茶　半瓯 三两瓯　数枝　古鼎　八九个　成化窑	学生试着组合茶联增加学生学习热情与兴趣，巩固基础知识学习内容，加深学习印象
教师示范讲解学生书写实践 （40分钟）	1.教师示范讲解书写茶联，明确要求 2.学生书写茶联书法（教师播放古琴曲营造氛围）	在轻松的氛围中学习，将实践与理论结合
课程总结与作业布置 （10分钟）	1.师生共同总结这节课的主要内容 2.鼓励学生简短复述概括这节课的主要收获 3.教师布置课后作业 4.以礼告别：师生共同行鞠躬礼	总结课堂内容，夯实重点知识 培养学生良好行为习惯

活动环节	师生互动内容	教育设计
课程评价	1.教师自评，撰写活动反思 （1）观察学生在课程中的精神状态，是否能够舒适、积极地参与各环节活动 （2）重点难点是否解决 （3）所有学生进行独立发言 （4）教学节奏是否适宜 2.学生评价，为自己打分 （1）学习到了丰富的知识①②③④⑤ （2）自己动手参与实践①②③④⑤ （3）主动和同学一起完成任务①②③④⑤ （4）懂礼貌，守纪律，整理环境①②③④⑤ 3.学生评价，为课程打分 （1）为本次活动打分（整体评价）①②③④⑤ （2）课程非常有趣味①②③④⑤ （3）课程非常有挑战①②③④⑤ （4）课程非常有创意①②③④⑤	

三、茶与健康

我国自古以来就有饮茶的传统．茶与健康的关系密切，古人通过观察和实践很早就知晓其抗衰延老的作用。相传神农氏是最早发现和利用茶的人，《神农本草经》一书称："神农尝百草，一日遇七十二毒，得茶而解之。" 现代研究证实茶叶中含有人体所必需的成分，含有对某些疾病具有疗效的物质。每天饮茶摄入量虽少，但经常补充这些物质，对人体能起到滋养和保健作用，所以茶叶被称为天然保健饮料是名副其实的。本次活动向同学们介绍茶的历史以及不同种类茶叶的健康功效。

课程主题	茶与健康	时长	1.5 小时
活动目标	1.知识与技能：初步了解茶的保健功能，学会科学饮茶 2.过程与方法：通过教师讲解、看资料回顾茶的历史，感知茶与人体健康的关系 3.情感价值观：激发学生对茶的喜爱，产生自豪感		
活动内容	1.茶人礼仪：复习巩固鞠躬礼、伸掌礼等 2.茶的文化：茶与健康的知识与文化（相关的故事、诗词、种类、功效等） 3.茶艺技能：自选一种适合自己、有助自己健康的茶，用正确的方法冲泡一杯健康茶 4.实践活动：写一写，画一画，体会"茶"字中"茶寿"的含义		

教学重点	茶与健康的知识与文化（相关的故事、诗词、种类、功效等）
教学难点	茶与健康的知识与文化（相关的故事、诗词、种类、功效等）
教学准备	教师准备演示文稿、学生准备笔、本

活动过程		
活动环节	师生互动内容	教育设计
课前行礼 （5分钟）	师生问好，整理仪表，调整姿态。通过鞠躬礼问好、伸掌礼敬茶引导学生重礼亲师、友爱同学 1.我是优雅的小茶人 学习站姿、鞠躬礼、伸掌礼 2.向老师行礼 "老师好"，向老师行鞠躬礼 3.向老师、同学敬茶 学生端茶杯，学习敬茶动作，行鞠躬礼，敬茶	活动中重视礼仪的熏陶与培养 教师以身示范，通过自身仪表、行为为学生做榜样。学生体验礼仪行为，实践操作，再次巩固课前行礼
茶世界探索 （35分钟）	茶原为中国南方的嘉木，茶叶作为一种著名的保健饮品，是中国古代南方人民对中国饮食文化的贡献，也是中国人民对世界饮食文化的贡献 1.历史回顾 （1）茶在我国最早是作药物使用，叫"茶药"《神农本草》："神农尝百草，一日遇七十二毒，得茶而解之。"汉代，中国文人将茶当作长生不老的仙药。东汉末年，南阳医圣张仲景在《伤寒论》评论："茶治脓血甚效"。三国时的名医华佗就讲"苦茶久食益思意" （2）讲解"神农尝百草"的传说 （3）茶的十德：散闷气、驱腥气、养生气、除病气、利礼仁、表敬德、尝滋味、养身体　可雅心　可行道 （4）宋代以后，对茶的研究更深入，我们举一些典籍来看。宋代苏东坡《茶说》：浓茶漱口，既去烦腻，且苦能坚齿，消蠹。明代顾元庆《茶谱》：人饮真茶能止渴，消食，除痰，少睡，利水道，明目，益思，除烦去腻，人固不可一日无茶。"明代李时珍《本草纲目》："茶苦而寒，最能降火，火为百病，火降则上清矣！温饮则火因寒气而下降，热饮则茶借火气而升散，又兼解酒食之毒，使人神思爽，不昏不睡，此茶之功也。" 2.茶的成分 茶多酚是茶叶中最主要、最精华、对人体最有益的成分 茶叶中含有丰富的维生素、矿物质和氨基酸等 儿茶素类是茶叶特有成分，具有抗肿瘤、抗菌、抗药物过敏等功效 总结：茶里面都是宝，会带给我们健康。那么，饮茶具体有什么功效呢？我们一会儿就来探究。	

活动环节	师生互动内容	教育设计
课间茶游戏 （10分钟）	1.唐朝卢仝的《七碗茶歌》对茶做了非常形象的描述："一碗喉吻润，二碗破孤闷，三碗搜枯肠，惟有文字五千卷。四碗发轻汗，平生不平事，尽向毛孔散。五碗肌骨清，六碗通仙灵。七碗吃不得也，唯觉两腋习习清风生。" 2.写一写"茶"字。你知道"茶寿"是怎么回事吗？ 20+80+8=108（岁） 这多有意思呀！	阶段性总结知识。通过小组分享、师生评价巩固学习重点。培养学生分析、总结、表达、合作等能力 通过相关知识的拓展，既增加了学习的趣味性，也具有浓浓的文化味
品鉴名茶 （30分钟）	1.茶的功效至少有23种，主要的功效有哪些呢？ 安神、明目、止渴生津、清热、消暑、解毒、祛风解表、消食、醒酒、减肥、延年益寿、去痰、坚齿、治心痛 （1）读一读、想一想这些功效是什么意思 （2）交流分享，体会茶的主要功效 2.茶的保健作用在生活中的一些用途 （1）茶食品 以茶叶萃取精华为原料开发的茶糖、茶巧克力、茶月饼、茶饼干、茶糕点、茶面条等系列食品，种类繁多，琳琅满目，茶食品已经逐渐形成了规模化产业。茶食品不仅具有独特的色香味，而且茶多酚的抗氧化作用可大大延长食品的货架寿命和保质期 （2）茶护理品 （3）儿茶素空气过滤网 3.健康饮茶 看茶饮茶，看人饮茶，看时饮茶，饮茶贴士 （1）六大茶类茶叶本身有寒凉和温和之分 绿茶属不发酵茶，富含叶绿素、维生素C，性凉而微寒 白茶微发酵茶，性凉（白茶温凉平缓），但"绿茶的陈是草，白茶的陈茶是宝"，陈放的白茶有去邪扶正的功效 黄茶属部分发酵茶，性寒凉 青茶（乌龙茶）属于半发酵茶，性平，不寒亦不热，属中性茶 红茶属全发酵茶，性温 黑茶属后发酵茶，茶性温和，滋味醇厚回甘，刺激性不强 喝茶因个人体质不同而异 （2）四季饮茶 春饮花茶理郁气（去年秋铁观音、普洱熟茶） 夏饮绿茶驱暑湿（白茶、黄茶、苦丁茶、轻发酵乌龙茶、生普洱） 秋品乌龙解燥热（红、绿茶混用；绿茶和花茶混用） 冬日红茶暖脾胃（熟普洱、重发酵乌龙茶） （3）忌空腹饮茶（会冲淡胃酸，抑制胃液分泌，妨碍消化，甚至会引起心悸、头痛、胃部不适、眼花、心烦等"茶醉"现象，并影响对蛋白质的吸收，还会引起胃黏膜炎）	了解茶的主要功效，并进行拓展延伸：生活中针对茶的保健作用，衍生了哪些物品 进一步阐述如何健康饮茶，使茶的保健作用更加科学 结合这节课以及前面所学的知识，理论联系实际，为自己冲泡一杯有助于自己健康的茶

活动环节	师生互动内容	教育设计
	忌睡前饮茶（会使精神兴奋，可能影响睡眠，甚至失眠） 忌饮隔夜茶（茶水放久，失去维生素，易发馊变质） 4. 自选一种适合自己、有助自己健康的茶，用正确的方法冲泡一杯茶	
整理用具 （2分钟）	教师指导学生整理学习用品及桌面卫生，学生之间相互帮助 1. 清理、摆放用品。营造整齐美观的环境 2. 播放清雅的音乐营造氛围。（琵琶语）	以教会方法、形成习惯为目的，组织学生进行教学活动的物品整理。培养学生的审美情趣和热爱劳动、有始有终的品德
课程总结 （8分钟）	1. 学生用一幅自制的简易漫画，阐述并讲解这节课中所学到的茶与健康的知识与文化。（利用相关的故事、诗词、从茶的种类、功效等方面）（5分钟） 2. 教师总结本次活动的重点、难点。指导学生进行学习后的分享（3分钟） 3. 师生行鞠躬礼结束活动（1分钟） 总结要点： 1. 鼓励每名学生都发言 2. 教师简短点评，鼓励学生的优点，修正学生的错误 3. 以礼结束活动 师：同学们再见 生：老师辛苦了，老师再见。鞠躬行礼	鼓励学生及时总结自己所学、所想。通过每人一句话了解学生的关注点、兴趣点。教师总结是将正确的、重要的内容在最后一刻进行强调，起到画龙点睛的作用。特别重视审美、品德的教育
课后作业	将今天学习的茶文化知识介绍给自己身边的三位家人或好朋友	通过分享，巩固所学 通过探索，学会自主学习 作业强调学生自主完成。用自己能够做到的形式完成即可。鼓励学生实事求是，独立自主
课程评价	1. 教师自评，撰写活动反思 （1）观察学生在课程中的精神状态，是否能够舒适、积极地参与各环节活动 （2）重点难点是否解决 （3）所有学生进行独立发言 （4）教学节奏是否适宜 2. 学生评价，为自己打分 （1）学习到了丰富的知识①②③④⑤ （2）自己动手参与实践①②③④⑤ （3）主动和同学一起完成任务①②③④⑤ （4）懂礼貌，守纪律，整理卫生①②③④⑤ 3. 学生评价，为课程打分 （1）为本次活动打分（整体评价）①②③④⑤ （2）课程非常有趣味①②③④⑤ （3）课程非常有挑战①②③④⑤ （4）课程非常有创意①②③④⑤	

四、茶与音乐

"茶通六艺"，在品茶时则讲究"六艺助茶"。六艺之首便是琴，可见音乐在茶艺中的地位之高。泡上一壶香浓的茶，在高雅优美的音乐声中品茗，能使人身心愉悦，遐想联翩，为品茶创造美好的意境，使学生更加体会到中华茶文化的博大精深。本次活动将介绍冲泡茉莉花茶和黄山毛峰时所搭配的音乐，引导学生欣赏和感受音乐带给茶文化的魅力。

课程主题	茶与音乐	时长	1.5 小时
活动目标	1.知识与技能：通过欣赏古典音乐，让学生学会根据不同的音乐搭配不同的茶类 2.过程与方法：通过欣赏、解析、对比、小组合作的方法，提高学生的音乐鉴赏能力，以及对音乐的理解能力 3.情感价值观：培养学生的审美情趣，提高音乐素养；热爱中华民族的传统文化，增强民族自豪感		
活动内容	1.茶人礼仪：茶的礼物 2.茶的文化：与茶相关的音乐 3.茶艺技能：根据自己所泡的茶类，搭配合适的音乐 4.实践活动：尝试演奏一项乐器		
教学重点	音乐的欣赏与解析		
教学难点	寻找合适的音乐搭配不同的茶类		
教学准备	演示文稿、故事图片、文字资料、音乐		

活动过程		
活动环节	师生互动内容	教育设计
课前行礼 （10分钟）	师生问好，整理仪表，调整姿态。通过鞠躬礼问好、伸掌礼敬茶引导学生重礼亲师、友爱同学 1.我是优雅的小茶人（5分钟） 学习站姿、鞠躬礼、伸掌礼 2.向老师行礼（2分钟） "老师好"，向老师行鞠躬礼 3.向老师、同学敬茶（3分钟） 学生端茶杯，学习敬茶动作，行鞠躬礼，敬茶	重视礼仪学习。教师以身示范，通过自身仪表、行为为学生做榜样。指导学生体验礼仪行为，并实践操作
	一、导入 优雅的品茶活动自然少不了与音乐结伴而行。这也是茶艺的"艺"之重要的组成内容。今天就请同学们跟老师一起走进音乐的世界，去聆听美妙的声音吧	

活动环节	师生互动内容	教育设计
茶世界探索 （35分钟）	二、新授知识 （一）看看古人是如何品茶听音乐的 音乐在茶事活动中何时出现？应该说物质层面的茶在应用过程中上升至精神层面后就与音乐紧密相连了。到唐代，宫廷的茶事活动几乎是无茶不乐。从唐画《宫乐图》中，我们即可清晰地看见贵族妇女们一边饮茶，一边欣赏着笛笙、琵琶、古琴等音乐带给她们的美好享受。茶圣陆羽也能演奏好几种乐器（展示画作） （二）现在我们听什么样的音乐 那么，在我们今天的茶艺活动中，音乐又是怎样发挥具体作用的呢？ 1.首先，不同茶的茶性及所形成的茶文化内涵需要相应的音乐语言来帮助它营造相应的意境，比如冲泡茉莉花茶，我们选用名曲《好一朵茉莉花》来作为背景音乐，就会使人在品茉莉花茶之前就已经进入到茉莉花的芳香情景中 再如冲泡黄山毛峰茶，我们选用《茶山谣》的音乐，在品茶之前，就会随着音乐语言的叙述，把我们首先带入云雾缥缈的茶山，清新、跳跃的音符，如一群清纯、可爱的采茶女在茶园里欢快地采着新茶。在如此的意境中我们再来细细地品黄山毛峰茶，那又会是怎样一种美好的感受呢？ 除茶品、茶性与直接可表达相应主题的音乐外，因器具、环境等因素所形成的不同意境，又可选用相应主题的音乐来表述，比如在仿古的器具和环境中，我们冲泡着绿茶或其他茶品，就可选用一些怀古的音乐来衬托气氛。总之，按茶品、器具、环境和茶艺冲泡者的情感来选用相适应主题的音乐，能把品茶人一同带入到共同的意境中去 2.在动态演示（表演）中，按照一定的音乐节奏来完成茶的冲泡动作，不仅具有一定的美感，还能帮助演示者把握一定的时间。比如冲泡红茶需要闷茶30秒才能使茶性得到充分的发挥，而这30秒又不能看着表来计算。那么，我们就可从音乐的节奏中去把握，比如音乐的节奏是每小节2秒，那么我们在这一过程中就可通过完成其他的动作来对时间做具体的把握。 3.不同乐曲用不同的乐器演奏会产生不同的情感与意境，这些都需要我们做不同的选择。总之，音乐的选择要基本符合茶艺意境的表达。另外，有许多朋友问	引出话题学生讨论：音乐能让茶事活动有哪些变化 通过观看古代画作，反应古人品茶的场景，搭配音乐一起欣赏，可以使学生身临其境 学生尝试自己根据不同的茶品搭配不同的音乐，提高学生的审美和鉴赏能力

活动环节	师生互动内容	教育设计
	茶馆的背景音乐选什么?这要根据茶馆的风格而定。风格是仿古的,就可选中国的古曲;风格是现代时尚的,则应选现代时尚的音乐。这是一般的选择原则。但从某种性质来说,茶馆的一切都是商品,提供给顾客的音乐也是一种服务方式。所以,从具体的服务而言,只要顾客需要,也可以根据顾客的需要来确定 美好的茶总是和美好的音乐相伴。一杯茶可品可听,可以让我们的美好情感通过茶去感染他人,也感受自己	
课间茶游戏 （10分钟）	学生分组,整理用具	阶段性总结知识。通过小组分享、师生评价巩固学习重点。培养学生分析、总结、表达、合作等能力
实践操作 （20分钟）	1.学生尝试演奏民族乐器并现场冲泡一种茶类,教师巡回指导 2.教师指导学生整理学习用品及桌面卫生,学生之间相互帮助 3.清理、摆放用品。营造整齐美观的环境 4.播放清雅的音乐营造氛围（琵琶语） 5.学生用一句话说出自己的最大收获。教师总结本次活动的重点、难点。指导学生进行学习后的分享 6.师生行鞠躬礼结束活动	以教会方法、形成习惯为目的,组织学生进行教学活动的物品整理。培养学生审美情趣和热爱劳动、有始有终的品德
课程总结 （9分钟）	1.鼓励每名学生都发言（5分钟） 2.教师简短点评,鼓励学生的优点,修正学生的错误（3分钟） 3.以礼结束活动（1分钟） 师：同学们再见 生：老师辛苦了,老师再见。鞠躬行礼	鼓励学生及时总结自己所学、所想。通过每人一句话了解学生的关注点、兴趣点。教师总结是将正确的、重要的内容在最后一刻进行强调,起到画龙点睛的作用。特别重视审美、品德的教育
课后作业	1.请你根据自己需要冲泡的茶品,配上一首合适的背景音乐 2.跟家人一起去参加一场茶文化雅集	通过分享,巩固所学 通过探索,学会自主学习 作业增强趣味性、探索性

活动环节	师生互动内容	教育设计
课程评价	1.教师自评,撰写活动反思 (1)观察学生在课程中的精神状态,是否能够舒适、积极地参与各环节活动 (2)重点难点是否解决 (3)所有学生进行独立发言 (4)教学节奏是否适宜 2.学生评价,为自己打分 (1)学习到了丰富的知识①②③④⑤ (2)自己动手参与实践①②③④⑤ (3)主动和同学一起完成任务①②③④⑤ (4)懂礼貌,守纪律,整理环境①②③④⑤ 3.学生评价,为课程打分 (1)为本次活动打分(整体评价)①②③④⑤ (2)课程非常有趣味①②③④⑤ (3)课程非常有挑战①②③④⑤ (4)课程非常有创意①②③④⑤	

五、茶叶包装设计

(一)活动概述

在北京市校外建设"三个一"创新项目的支持和活动育人理念的带动下,此次活动带领学生设计茶叶包装,引导学生走进生活、观察体验生活中常用的物品,以茶叶产品包装为研究对象,根据茶产品的特点、销售对象、销售地点进行有针对性的设计。此次活动注重研究性学习,鼓励学生对北京老字号的茶产品做市场调研,发现问题,并提出自己的解决方案,运用知识和技能解决生活中的实际问题,培养学生的创新思维和创造能力。

(二)活动依据

1.满足学生的精神文化需求

党的十九大报告指出:"中国特色社会主义进入新时代,我国社会主要矛盾已经转化为人民日益增长的美好生活需要和不平衡不充分的发展之间的矛盾。"当前,国家大力提倡优秀传统文化的创造性转化与创新性发展，积极弘扬中华美学精神，重视美感教育和艺术教育，从而实现人们对美好生活的需要。引导学生在美术活动中发现美、创造美，也是新时代美好生活对教育的需要，满足了学生的心理需求和精神需求。通过教育活动积极落实中华传统文化的现代转化，要把中华优秀传统文化的形象、元素、内涵、价值、思维和理念等落实到创意创新的教育实践之中。

2. 国家高度重视对中华优秀传统文化的传承和弘扬

《北京市"十三五"时期教育改革和发展规划》提出："实施中小学中华优秀传统文化素养提升工程，推进中华优秀传统文化特色学校建设。"北京具有悠久历史文化，校外教育也应该在课程中融入传统文化，为学生树立正确的文化观。通过了解北京的历史、文化、建筑、商业，用自己的画笔为北京增添色彩，从而更加热爱北京、热爱祖国。

3. 美术核心素养的要求

基于核心素养的美术教学，是一个非常重要的教学观念的变革。校外美术活动也需要适时地做出改变。我们有必要在现实情境中去引导学生发现问题，明确任务，以自主、合作、研究等方式去获取知识技能，将知识技能加以运用来解决问题、完成任务。

（三）活动对象、时间

课程主题	茶叶包装设计	时长	2.5 小时
活动对象	小学 3—6 年级学生	活动人数	15 人
学情分析	参与本次活动的小学生具有一定的绘画基础，每学期都参与外出实践活动，曾经在老舍茶馆参观写生，同学们对于京剧人物、兔爷、建筑彩绘等传统文化很感兴趣。本次活动主要是引导学生发挥创意，通过分析、鉴赏、比较，使学生了解和关注生活中的茶叶包装，引导学生思考什么样的包装更加具有传统文化品位，同时得到消费者的喜爱。通过调查分析，同学们尝试设计一个自己心目中的茶叶包装盒		
活动目标	1. 探索京味儿文化，了解包装设计的基本知识 2. 通过了解茶叶包装的字体、图案等主要元素，学会设计一个简单的包装盒 3. 通过学习茶叶包装设计，了解北京文化和我国优秀传统文化，关注身边的用品设计，提高审美能力		

活动内容	本次活动时长为 2.5 小时，主要分为三个步骤。首先，同学们需要学习立体包装盒的制作，了解包装的基本知识、包装盒上的基本信息、包装设计的目的和作用。其次，活动以老北京茉莉花茶为主题，同学们互相讨论借鉴，利用自己收集的产品包装图片设计包装盒。最后，运用美丽和谐的色彩装饰包装盒，用彩铅和水彩笔结合的方法进行绘制
教学重点	观察和了解老字号茶叶包装设计图案特点，寻找适合的传统文化元素，设计自己心目中的茶叶包装盒
教学难点	包装设计的创意体现出传统文化，经过精心的构思，设计出向消费者传达商品信息、推销商品、更好地为消费者服务的创意"语汇"。作品能够传递出较高文化品位内涵，同时也能很好地适应我国广大消费者所继承下来的中国千百年以来的美学思想与审美意识
教学准备	教师准备演示文稿、学生准备笔、本

师生互动			
活动过程	教师辅导	学生活动	教育设计
导入主题（6分钟）	1.茉莉花茶是北京人最喜爱的茶叶，有着悠久的历史和庞大的消费群体，是京味儿文化的重要组成部分。教师展示两个茉莉花茶的包装，请同学们说说：如果你是消费者，你喜欢哪一个？为什么？ 2.给同学们 3 分钟讨论 讨论环节给同学们一个简单的评价标准，有针对性地进行讨论	学生分成四个小组，根据评价标准进行讨论 评价标准：外观造型、色彩选择、图案设计、文字设计	引导学生自主提出问题、发现问题、解决问题。通过包装的对比，让学生自己去选择，学会分析哪种包装更受消费者欢迎，提高学生的审美能力和判断能力
品味茶香分析产品（6分钟）	分组品尝茉莉花茶，了解这种茶叶的加工过程（花茶也称窨花茶、香片，是以绿茶、青茶等基本茶类作为茶坯和鲜花拼配窨制而成）	1.品尝茉莉花茶 2.了解制作过程 3.说一说家里人爱喝的茶	教师引导学生饮茶、学习茉莉花茶的制作方法，丰富学生对该种茶叶的认识和了解
调查研究发现问题（10分钟）	1.请两位同学展示自己做的《传统老字号茶叶包装调查报告》 两位同学分别走访张一元和吴裕泰茶叶店，看一看茉莉花茶包装盒的特点，说一说如果自己作为设计师，将如何设计改进产品设计 2.说一说什么是"京味儿"文化，如何体现"京味儿"文化，如何满足社会大众的审美需要	学生积极思考、主动参与，想想自己生活中的所见所闻，什么可以代表北京文化？鼓励每个学生提出自己的想法	学生在对该课题的研究过程中，针对生活中存在的具体问题进行思考探索解决问题的方法，将知识与经验联系在一起，落实核心素养教育的要求

活动过程	师生互动内容	教育设计
设计要点 理清思路 （20分钟）	1.老师展示一个手工制作的六面正方体包装盒 商品正侧面需要展示给消费者的信息 | 商品正面	商品名称　可配装饰图形
商品侧面	商品 名称 配料 香型 质量 等级 保质期 生产日期 环保标识（纸盒可以回收循环利用）
其他侧面	装饰图形 | 2.构图要素 构图是将商品包装展示面的商标、图形、文字（含要素的组合）排列在一起的一个完整的画面 （1）外形 商品包装示面的外形，包括展示面的大小、尺寸和形状。大部分包装盒都是方形或是长方形，本次活动选用方形的包装盒进行装饰，尺寸是 11cm×11cm，符合盒装茶叶的大小尺寸，便于学生装饰设计 （2）构图 ①图形设计 图形就其表现形式可分为实物图形和装饰图形，本次活动选用手绘装饰图形 a.通过手绘的形式设计包装上的图案 装饰图案采用具象表现手法。具象的人物、风景、动物或植物的纹样作为包装的象征性图形可用来表现包装的内容物。本次活动的设计主题是老北京茉莉花茶包装 在设计过程中，需要引导学生根据产品内容的需要，选择相应的图形表现技法，使图形设计达到形式和内容的统一，创造出反映时代精神、民族风貌的适用、经济、美观的包装设计作品 b.对于老北京茉莉花茶的包装设计 此处设置问题：同学们想一想北京特有的标志性事物或者景物？如老北京兔爷、京剧人物、盖碗、天坛、北海白塔等 ②色彩设计 色彩设计在包装设计中占据重要的位置。色彩是美化和突出产品的重要因素。包装色彩要求平面化、匀整化，这是对色彩的过滤、提炼的高度概括 设计色彩搭配表，例如下图： 学生需要自己设计一个色彩搭配表 ③文字设计 文字是传达思想、交流感情和信息，表达某一主题内容的符号。包装	要求学生在活动前收集能够代表北京特色的绘画、设计或者照片，作为自己创作的一个参考

活动过程	师生互动内容	教育设计
	装潢设计中文字设计的要点有：内容简明、真实、生动、易读、易记；字体设计应反映商品的特点、性质、独特性，并具备良好的识别性和审美功能；文字的编排与包装的整体设计风格应和谐 展示教师示范美术字 利用字形和字义的特点，进行一些笔画的美化装饰，例如左边这个"茶"字，横画上的蜿蜒曲线，可以想象成热气腾腾的茶水	
精心构思巧手创作（90分钟）	1.绘画步骤 步骤1：在卡纸上绘制纸盒平面图 步骤2：先用铅笔设计平面图，规划好4个侧面、顶面和底面的内容，主要的图形和文字要画在醒目的位置 步骤3：用彩色铅笔或水彩笔涂色 步骤4：把纸盒粘贴成立体的包装盒 2.设计要点 （1）按照正方形的尺寸画出包装盒的平面图，尺寸11cm×11cm （2）参考北京特色景物图片，设计构思自己的包装盒图案和字体 （3）按照设计好的色彩搭配表涂色，要求色彩生动鲜明 （4）参考茶叶的产品信息，写产品信息说明，锻炼学生的文字表达能力 3.出示其他学生作品范例素材，启发思维 4.学生创作，教师巡视指导	正方体的平面展开图有很多种，此处展示选择一种形式，给学生做出示范，教学生裁剪成平面的图形。有兴趣的同学可以自己在家里实验其他折叠方式

活动过程	师生互动内容	教育设计
评价展示	1. 学生自我评价 | 评价内容	分数（满分 5 分）
---	---
作品完整	
图形有创意	
色彩亮丽醒目	
学习态度认真	| 2. 学生互相评价 3. 教师就作品效果和学习态度做整体点评	鼓励学生反思、反馈自己的茶包装设计，提高学生欣赏美、表达美的能力
活动效果检测	1. 学生自我评价表和学生之间的互相评价 2. 结合学生作品，检查学生运用美术技能技巧的能力 3. 通过学生在整个课程中的学习态度以及参与度，来判断学生的情感是否投入	

附件一

关于中小学生对北京老字号茶叶店茶叶包装认知的调查问卷

（该调查问卷在课程开展之前的一周测评）

同学们好，最近要开展设计茶叶包装的课程，设计这个调查问卷的目的，就是要了解同学们平时是否了解北京老字号茶叶店，是否关注过茶叶包装以及什么样的茶叶包装更吸引你。我们将对数据进行分析，有利于制定和规划课程内容。感谢参与此次调查。

1. 你的性别是（　　）

A. 男　　B. 女

2. 你现在是（　　）

A. 小学一二年级　　B. 小学三四年级

C. 小学五六年级　　D. 中学生

3. 请问你的家人喝茶吗？

A. 经常喝　　B. 几乎不喝

4. 你和家长一起逛过北京老字号茶叶店吗？（　　）

A. 逛过　　B. 没逛过

5. 你去过哪家老字号茶叶店？多选（　　）

A. 吴裕泰　　B. 张一元　　C. 老舍茶馆　　D. 其他

6. 你观察过茶叶包装吗？（　　）

A. 观察过　　B. 没太注意过

7. 你认为好看的商品包装能够吸引消费者购买吗？

A. 可以　　B. 不可以　　C. 不一定

8. 茶叶包装的哪些元素会吸引你？多选（　　）

A. 色彩　　B. 图案　　C. 造型

9. 你认为老字号茶叶包装应该有中华传统文化元素吗？

A. 应该有　　B. 无所谓

10. 你认为老字号的茶叶包装有什么优点或者不足之处？如果有的话，请写在下面的横线上：

_____

附件二

传统老字号茶叶包装调查报告

学生姓名：＿＿＿＿＿　年龄：＿＿＿＿＿＿＿＿＿

茶叶店名：＿＿＿＿＿＿＿＿＿＿＿＿＿＿＿＿＿

产品信息：＿＿＿＿＿＿＿＿＿＿＿＿＿＿＿＿＿

产品 A	产品 B

茶叶类型：＿＿＿＿＿＿＿＿＿＿＿＿＿＿＿

适宜人群：＿＿＿＿＿＿＿＿＿＿＿＿＿＿＿

你认为什么可以代表京味儿文化？

＿＿＿＿＿＿＿＿＿＿＿＿＿＿＿＿＿＿＿＿＿＿＿＿＿＿

请描述一下你对该产品包装的看法以及改进意见。

＿＿＿＿＿＿＿＿＿＿＿＿＿＿＿＿＿＿＿＿＿＿＿＿＿＿

第四章

青少年茶文化主题教育活动

第一节 青少年"茶"主题活动的设计与实施

一、青少年"茶"主题活动的概念

　　主题活动是校内、校外教育部门经常使用的一种教育方式，一般围绕一项中心主题内容，设计教学活动各个环节，组织青少年参与到活动的实践体验过程中来，在此过程中达到预期教育目的。

　　"主题式"教学模式是近几年来校内教学改革中比较常见的教学新模式，也是实际教学中的一种能有效提高学生自主探索能力、团队协作能力的教学新模式。在这一教学模式中，学生在课堂上的主体地位得到了极大的凸显，是一种引导学生在感受、体验、思考中获得成长的教学新模式。

　　青少年"茶"主题活动，是以"茶"为线索进行方案设计、活动实施的教育教学形式。在传统茶育活动中，"茶"本身就是活动主题，教学目标的设定往往围绕学生如何了解茶知识、掌握冲泡技能展开教学设计。而在新时期课程改革的背景下，校外"茶"主题活动要打破简单的授课内容和形式，围绕"茶"主题进行深度拓展和延伸：茶叶的种植、茶具的设计、茶食的制作、茶文化历史探究等都可作为"茶"主题活动的设计内容。当然，"茶"主题活动应选取并围绕一个具体的主题进行设计，这个主题贯穿活动的始终。不同的"茶"主题活动联系在一起，亦可构成一个更大的"茶"文化主题系列教育活动。"茶"主题活动还可以理解为"茶+"活动模式，是在参照校外主题活动与校内主题式教学模式的基础上，围绕预先设定的主题展开实践体验活动。在这种活动中，"茶"的相关知识、冲泡技能不再作为活动的重点，而是根据社会热点、传统节日、学校自身特色，结合不同"主题"组织开展模块化茶育活动。这种"茶"主题活动强调学生在初步掌握茶知识、能力的基础上学以致用，如围绕"茶+社会主义核心价值观"主题，设计开展"弘扬传统文化 践行价值观主题茶席进校园活动"；围绕"茶+母亲节"主题，设计开展"母爱如茶"主题活动等。

二、青少年"茶"主题活动的设计与实施

　　一次优秀的茶主题活动就如同一场百看不厌的影片，而方案的优劣直接影响到最终活动的效果。如何撰写茶主题活动方案？这取决于主题、学情分析、环节设计、效

果评价、活动反思等内容的有效撰写。

"茶"主题活动教学环节设计，好比是工厂里的一条生产"流水线"，每个环节都有它的作用，缺一不可。设计如下：

（一）方案撰写前，思考活动设计要点是关键

青少年茶活动方案的设计要以学生为中心，充分考虑学生的特点，考虑个体差异，充分挖掘学生的潜能。活动方案的设计以分析学习者面临的学习问题为出发点，进而提出解决问题的办法。活动设计强调活动目标、活动过程和活动评价的一致性。活动目标是学习者通过学习后的一种学习结果，这种结果应该是明确的、具体的，可以观察和测量的。活动设计前可先明确四个问题：

①学生在活动中能获得什么？

②用多长时间让学生获得？

③怎样让学生获得？

④多少学生获得？

（二）茶主题活动方案设计要素

从校外教育活动方案的角度来看，方案的内容主要包括：活动背景、活动依据、活动内容、活动对象和规模、活动目标、活动时间、活动地点、活动重点、活动难点、活动准备、活动过程、活动效果评价、活动反思等。

从校内综合实践类课程教学设计要求来看，活动方案的要素主要包括：指导思想与理论依据、教学背景分析、教学内容、学生情况（起点水平、认知结构、学习态度、学习动机、学习风格）、教学方式、教学手段、技术准备、教学目标、教学重难点、教学过程（教学阶段、教师活动、学生活动、设计意图）、学习效果评价设计、教学设计特点等环节。

茶主题活动的教学方案可以参考这两个学科的方案要素进行撰写和实施。茶育活动方案设计还应遵循以下六项原则：

①精心设计活动标题；

②确定好活动目的；

③注重对活动形式、方法进行创新；

④科学合理地安排活动程序（实施步骤）；

⑤集思广益，完善方案；

⑥节省开支，少花钱多办事。

（三）茶育活动要选好"主题"

主题立意明确、鲜明，能够给茶育活动确立活动的方向。"教育性"是茶育活动的重要属性，因此，茶活动的主题立意就不能脱离主流教育和形势发展的要求。中国特色社会主义教育，共同理想教育，爱国主义、民族精神和时代创新精神培养，社会主义核心价值观的树立，成为策划设计茶主题活动必须把握的脉搏和主线。常见的茶育活动可围绕以下主题开展方案的设计：

①节日开展的主题活动；

②结合校园文化开展的主题活动；

③围绕"社会热点"开展的主题活动；

④围绕生态、健康开展的主题活动。

当然，和写文章一样，文章的题目涉及范围不宜太宽泛，要集中在某个方面重点描写或论述，茶主题活动的标题设计涉及范围也不能太大，优秀的茶育活动通常针对性很强，围绕一个小小的中心把文章做足、做透。

（四）茶主题活动方案设计的建议

①以学生为主体，小组合作为学习模式，围绕设定的主题开展具体的活动。

②教师在教学过程中起组织、指导作用，及时对学生活动中的行为进行正面点评。

③鼓励学生主动参与各自分方案设计，注重学生活动中的互评。

④积极展示学生的活动成果，通过多元媒介进行成果传播。

三、组织实施青少年"茶"主题活动的建议

茶主题活动在条件允许的情况下，要以开展走出校园，走进茶庄、实践基地等活

动为主，鼓励学生接触社会、服务社会，将学生从茶课程中学到的知识在参与活动中展示和体验，从而加深理解，提高行为的自觉性。这亦是茶主题活动教育目的所在，即把思想教育、品德教育融入一个或多个活动载体中，让学生在实践过程中，经过自己的行为和心理体验，把茶知识转化成为思想行为，并对社会或他人产生积极的影响，在这个过程中孩子的心灵得到升华，让所学知识得以巩固。

茶主题活动的设计要立足规范。校外主题教育活动不同于其他社会文化活动，其主要特征是：活动的主体是未成年人，活动的目的是培养少年儿童全面发展，并为少年儿童营造一个健康成长的文化环境。因此，茶主题活动的策划必须坚持社会效益第一的原则，要把活动育人的属性放在首位，尊重儿童成长规律，尊重儿童教育规律，精心设计、精心组织、精心实施，力求教育活动的每一个环节规范、安全、有序。

第二节　青少年茶文化主题教育活动案例

一、母爱如茶

（一）活动主题

母爱如茶——小茶人俱乐部亲子茶会。

（二）确定主题的依据

其一，孝道是中华传统文化的重要组成部分，以母亲节为契机组织亲子茶会，可弘扬尊敬长辈的传统美德。

其二，茶文化是中国的传统文化，茶饮不仅为人们带来健康，其中蕴涵的文化更给人们带来精神的享受，特别是以茶表敬意已成为人们表达情感的重要载体。

其三，学生学以致用，通过为母亲设计茶席、泡茶、敬茶，可以表达对母亲的敬意。

（三）活动目的

其一，通过活动让学生更加关心妈妈，尊敬长辈，从而热爱家庭，热爱集体。

其二，让学生在茶会中实践茶人的礼仪规范和泡茶技艺，并在实践中提高水平。

其三，通过茶会增加各学校之间的横向交流，相互促进，共同提高。

（四）主办单位

某学校、某茶叶企业。

（五）承办单位

某学校、某茶叶企业。

（六）活动对象及规模

茶会参与人员：中小学 50 个家庭约 100 人。

茶会观摩嘉宾：主办单位领导、茶文化教师沙龙成员、爱茶人，约 20 人。

（七）活动时间及地点

活动时间：约 2 小时。

活动地点：某校园操场。

（八）活动准备及人员分工

1. 教师的准备工作

①设计活动方案，组织报名，组织教师培训。

②确定活动地点，联络场地，开展服务工作。

③邀请嘉宾。

④组织工作人员会议，彩排，撰写串词和新闻稿。

⑤制作活动留言卡片（背面是茶会议程），准备笔。

2. XX 茶文化中心的准备工作

①场地准备：音响、话筒、投影设备、会标、桌椅、展板及环境布置。

②茶会所需茶水及学生泡茶所用热水，并安排四名专职工作人员负责。

③准备嘉宾礼品。

④安排摄像、摄影工作人员，并邀请新闻记者。

⑤ XX 茶文化中心可有四个名额（家庭）参加正式茶会。

3. 参加茶会的学校教师的准备工作

①组织本校学生报名，发放活动通知，组织学生集体参加活动。

②指导学生设计献给母亲的茶及茶席。

③给本校参加活动的学生录像，内容为"母亲节献给母亲的话"，每人限时5秒之内。

④承担活动现场分配的茶会组织工作。

⑤参加茶会当天，各校携带校旗或茶艺社团旗帜。

4.参加茶会的学生的准备工作

①设计一款献给母亲的茶，并撰写茶席设计，准备茶艺服装，练习敬茶礼仪，练习茶艺冲泡，当天自带茶具。

②自制一张"知心话向妈妈说"母亲节贺卡，活动当日带来。

③准备一张电子照片，上面有照片的名称或简短的文字介绍，交给老师。

5.参加茶会的母亲的准备工作

①制作一张给孩子的寄语卡片，活动当日带来。

②活动当日戴一条丝巾。

（九）活动内容及程序

茶会通过"温情""敬茶""分享""教诲""共欢""回味"六个环节增进家人情感，使大家以茶为缘相聚在一起，共同分享母爱如茶的温暖，共同品味人生成长的滋味，共同呈现我们对母亲深深地爱意。

活动程序		时间	内容
茶会预备期		1小时	来宾签到 客来敬茶 收集卡片 布置展板 照母子照 编辑照片 摆放茶席 茶席观摩 集体排练 敬茶环节
茶会进行时	温情	10分钟	《感动万千人的漫画》欣赏 家庭亲子照片欣赏
	敬茶	10分钟	茶礼浅释 为母亲泡茶敬茶
	分享	15分钟	母了分享 嘉宾分享 倾听学生的祝福语
	教诲	10分钟	爱与责任 母亲的教诲
	共欢	10分钟	亲子游戏：心手相连 三组嘉宾示范 全场分组游戏
	回味	5分钟	诗朗诵《母爱如茶》 结束语

续表

活动程序	时间	内 容
茶会结束后	20 分钟	合影留念 现场访谈 收具离开会场

（十）活动效果检测方法

①现场填写活动留言卡片。

②活动后进行现场访谈。

③活动后收集学生、教师、家长感想。

（十一）附件

①活动安全预案。

②场地布置图。

③工作流程表。

④茶会议程和留言卡（正反面）。

附件一

活动安全预案

为了确保本次活动的安全进行，实现活动安全事故"零"目标，特制定本安全预案。

一、活动安全工作组

场地服务：主办单位相关人员。

加大安全保卫力度，各岗位人员到位，安全出口全部打开，消防设备齐全，热水有专人负责，确保活动顺利进行。

人员组织：主办单位相关人员。

人员有序签到，由各校教师负责本校学生家长，分区就位，嘉宾由教师负责安排就位。集体进行安全教育，提高安全意识。

二、各岗位安全职责

其一，活动主办者是活动期间第一安全责任人。活动期间各队教师不得离开本队学生，随时掌握本队学生情况，遇到特殊情况及时做好本队学生的疏散和控制，并向有关领导报告。活动期间，全体带队教师应全身心为学生服务。

其二，活动的主管领导及活动组织者要及时做好整个活动的调度和控制，组织管理好师生的秩序，任何人员不得擅自脱离岗位。

其三，活动前对学生进行安全教育和参观注意事项教育，安全责任落实到人。（各带队老师为安全责任第一人）带队教师确保活动期间通信畅通，时刻保持联系。

其四，发生事故，及时各就各位，听从统一指挥，组织师生有序撤离到安全地带，做好楼梯及安全出口的疏散工作，避免发生拥挤踩踏事故。撤离现场后，迅速组织好所有人员，整理好队伍、清点好人数，不允许学生擅自离开队伍。

三、事故处置方案

（一）活动现场发生火灾、漏电、房屋倒塌等特大安全事故

①切断现场电源。发生火警，先用灭火器扑灭；若火势蔓延，打"119"报警；房屋倒塌且有师生被埋入，急打"110"，并有组织地进行抢救。

②开通全部安全通道，指挥组织在场师生和人员迅速撤至安全地带。

③配合消防、医院等单位，做好自救工作。

④尽可能保护好现场，做好涉及本案的有关证人证据的记录。

（二）活动中发生外来人员暴力、抢劫等事件

①迅速拨打"110"报警，同时迅速报告教委保卫科。

②立即关闭大门，阻止歹徒进入现场，阻止歹徒接近学生，保护在场师生安全。

③如有受伤人员，立即送往医院进行救治。

④记录不法分子的体貌特征和其他犯罪情节，收集施暴凶器，保护好案发现场。

（三）确立第一责任人制度

在突发性事故发生后，活动组织者或首位发现事故的教师，为该预案的第一位责任人。第一位责任人要以师生利益为重，无条件地承担组织、指挥、抢救、控险等任务，要充分利用现代化的交通工具、通信工具及时做好组织、抢救和报告工作，不得拖延、推诿，否则将追究责任。

（四）落实应急预案

突发事故发生后，应急预案领导小组和现场处置事故指挥组主管负责人在接到报告后应立即到现场做好组织、指挥、抢救和报告工作。保卫组、通讯联络组、后勤保障组按预定职责任务立即进入工作状态。

附件二

场地布置图

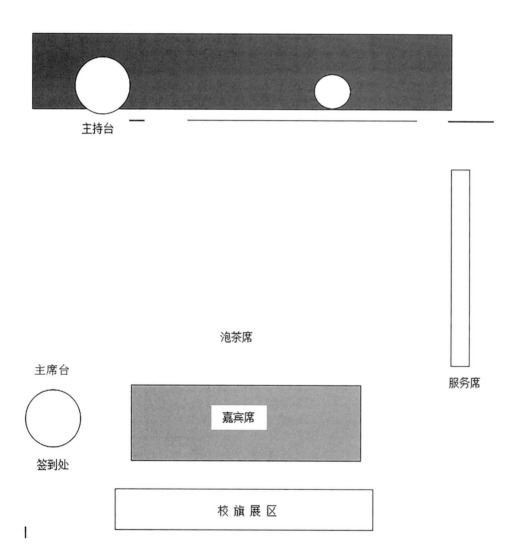

主持台

泡茶席

主席台

服务席

嘉宾席

签到处

校 旗 展 区

附件三

工作流程表

阶段		时间	内 容	负责人
会场布置	会场内	30分钟	音响话筒、投影设备、桌椅、热水、展板、旗帜展示台、留言卡、笔 电脑中：背景音乐、活动主题页面	相关教师
	签到处	30分钟	拍照设备。 电脑、移动硬盘 签到簿、笔、发放茶会纪念品 收学生家长卡片、大头针、双面胶 引领参会母子摆放茶席、奉茶 引领嘉宾入席、奉茶（准备状态）	相关教师
茶会预备期		1小时	来宾签到 客来敬茶 布置展板 照母子亲情照 亲子照编辑成演示文稿 摆放茶席 茶席观摩 排练敬茶	相关教师
茶会进行时	温情	10分钟	漫画欣赏 家庭照片欣赏	相关教师
	敬茶	10分钟	茶礼浅释 为母亲泡茶敬茶	相关教师
	分享	15分钟	母子分享 嘉宾分享 倾听学生的祝福语	相关教师
	教诲	10分钟	爱与责任 母亲的教诲	相关教师
	共欢	10分钟	亲子游戏：心手相连 三组嘉宾示范 全场分组游戏	相关教师
	回味	5分钟	诗朗诵《母爱如茶》 结束语	相关教师

二、"从小学党史永远跟党走"红色茶席致敬建党百年主题教育活动

（一）活动依据

其一，为庆祝中国共产党成立 100 周年，落实教育部办公厅《关于在中小学组织开展"从小学党史永远跟党走"主题教育活动的通知》和中共北京市委教育工委、市教委发布的《北京教育系统"永远跟党走"主题教育活动工作方案》，北京市东城区少年宫以小茶人俱乐部优质项目为依托，将党史与传统文化相结合，以红色茶席设计为载体，将党史、新中国史等题材融入茶文化主题教育实践活动中，引导中小学生坚定不移听党话、跟党走，让红色基因、革命薪火代代传承。

其二，中华优秀传统文化是中华民族的宝贵财富，为中华民族发展提供强大的精神力量。习近平指出："中国是茶的故乡。茶叶深深融入中国人生活，成为传承中华文化的重要载体。"本次活动引导学生从生活实际出发，探究茶文化中的中国共产党的光辉历程，通过展茶席、说党史的方式进行学习交流，能够在青少年中传播中华传统茶文化，培养爱国爱党情怀。

其三，青少年茶文化教育在东城普及面广，各校各具特色。2021 年 3 月北京市东城区少年宫向全区发布了红色茶席征集通知，组织了区级教师茶席设计培训和党史学习资料分享。各校学生在教师的指导下学习了茶席设计的基本方法，通过党史学习资源自主学习积累了党史知识，以小组为单位完成了红色茶席的设计任务。全区共有 15 所学校创意设计了 39 个红色茶席。本次活动在此基础上搭建平台，满足学生交流成长的需求，促进学校之间的相互学习。

（二）活动主题

"从小学党史永远跟党走"红色茶席致敬建党百年。

（三）活动对象

中小学学生。

（四）活动目标

其一，学生通过展示、体验各种红色茶席，学习党的历史、茶的文化，开阔视野，丰富知识，丰富文化底蕴，激发学生对党和民族文化的热爱之情。

其二，学生通过合唱红色歌曲、小组交流学习、评价茶席等环节，感受文化之美，学习之乐，促进学生学会学习，提升同学之间团结协作的能力。

其三，学生通过学习榜样人物，懂得学习是为了更好地行动，能够结合自己的理想为自己的行动提出建议，达到学史力行的目的。

（五）活动重点与难点

重点：学生通过小组展示及交流学习红色茶席，丰富文化底蕴，提升学习能力，培养爱国爱党情怀。

难点：学生通过活动树立个人成长目标，并结合自己的理想为自己的行动提出建议。

（六）活动时间

90分钟。

（七）活动地点

某校活动空间。

（八）活动内容

通过组织建党百年优秀红色茶席创意作品交流展示，为学生展茶艺、学党史、爱祖国、见行动搭建学习交流平台。学生在交流中团结合作，丰富知识，升华思想，提升对党的热爱和敬意。鼓励学生学史力行，树立理想，从小事做起。

（九）活动方式

集会、展示、交流。

（十）活动准备与分工

1.教师

①设计活动方案，召开预备会；辅导展示内容；观看榜样人物事迹录像；设计制作学习单；撰写主持词、新闻稿、安全预案；组织活动报名。

②合唱排练、指挥。

③准备桌椅、热水、口杯、设备设施。

④学校教师辅导学生茶席展示；活动中鼓励学生参与，保障学生用水安全。

⑤经费预算（略）。

⑥教师着正装，党员佩戴党徽。

2.学生

①茶艺学生：设计、展示红色茶席，现场进行茶席介绍，并泡茶分享。练习歌曲《少年少年祖国的春天》。

②合唱学生：练习歌曲《党啊，亲爱的妈妈》《少年，少年，祖国的春天》。

③学生穿校服，佩戴红领巾。

3.活动当日的准备及时间安排

①布置会场，测试设备，试播文件，安排防疫检查，2小时30分钟。

②茶艺布展走台，30分钟。

③集体合唱彩排，20分钟。

④宣布注意事项，10分钟。

教师对全体人员进行安全教育、礼仪教育、告知安全应急通道。

确认学生已有学习单和笔，教师讲解学习单的内容和使用方法。

（十一）活动过程

活动环节	教师、学生活动	设计意图
宣布活动开始（5分钟）	1.教师宣布活动开始，介绍参会人员情况，介绍活动的背景及今日活动安排 2.学生了解整体活动安排，明确自己的学习任务，做好参与活动准备	学生对本次活动有全面了解，便于积极参与各环节内容，主动学习
第一环节表心意 颂党情（5分钟）	1.学生合唱《党啊，亲爱的妈妈》 2.其他师生欣赏歌曲	曲目贴近学生生活，党像妈妈一样培育学生健康成长从情感上进行爱国、爱党的铺垫

活动环节	教师、学生活动	设计意图
第二环节 展茶席 说党史 （25分钟）	1.学生分组进行茶席展示 2.学生通过演示文稿和解说在舞台上向全体师生展示自主创意的红色茶席作品 3.教师在主持环节与学生互动，突出茶席体现的党的历史、茶的文化及对学生的影响，共同评价茶席特色 4.学生积极发言，并用学习单记录收获 5.展示顺序 （1）《乘风破浪 砥砺前行》，建党的故事 （2）《红梅赞》，歌颂革命壮士 （3）《雨花茶祭》，致敬国家英雄 （4）《井冈精神永传承》，红色精神代代传 （5）《绿水青山就是金山银山》，脱贫攻坚改革发展 （6）《茶叶的航天梦想》，科技兴国时代创新	1.教师挑选的茶席按照建党、革命、牺牲、胜利、改革、发展的脉络来请学生进行展示。通过集中展示环节引导学生对党的百年历史有一个纵向时间轴和历史意义的了解 2.学生通过在舞台上展示学习成果，锻炼勇气，培养自信 3.教师在主持环节通过问答调动学生积极性，引导学生学习每个茶席所展示出的不同历史与文化，达到学习党史和茶文化，丰富文化底蕴，提升爱国爱党情怀的活动目标。在问答中检测学生参与活动的状态。指导学生利用学习单记录学习收获
第三环节 品香茗 学党史 （30分钟）	全场互动交流，教师提出学习任务，学生分组行动 1.15个红色茶席由茶艺学生通过冲泡、解说的方式进行互动展示 2.观众3人一组分成15个小组，分别到各个茶席，品味香茗，学习党史。学生以组为单位在现场选出6个最佳茶席 3.教师观察学生的交流状态，根据人流情况进行疏导。鼓励交流、提示安全。发现学生交流中的闪光点和不足	1.学生利用自由展示空间，团结合作，通过面对不同师生进行介绍，锻炼表达能力，提升配合能力，展示所学，服务他人 2.观众分组自由交流，亲身体验每个红色茶席的设计、品尝茶汤、交流文化。通过最佳茶席评选引导学生要学会学习，团结协作，客观评价 3.教师在活动中发挥整体协调作用
第四环节 讲收获 立誓言 （15分钟）	1.教师请全体学生回到自己座位 2.通过问答，学生分享观摩茶席收获。教师引导学生不仅收获党史知识、体验茶艺文化，更要珍惜同学间的合作，尊重茶艺同学的创意和服务，并通过学党史引导学生发现自己身边的党员榜样 3.播放身边党员榜样——"中国十大杰出志愿者"寄语 4.学生根据学党史、倾听党员榜样寄语，结合自身情况分享自己的理想，重点介绍自己现在应该怎么做才能实现理想	1.通过问答环节教师引导学生学会学习，学会分享，多方面提升收获 2.通过学生讲述自己身边的党员榜样引导学生关注身边的人和事，因为现在就是未来的历史 3.学习榜样，激励学生树立理想，鼓励学生要有志向更要有行动

活动环节	教师、学生活动	设计意图
第五环节 共欢歌 向未来 （10分钟）	1. 全体学生合唱《少年，少年，祖国的春天》 2. 师生共同合影留念 3. 安排活动后收集学习单和学生感想 4. 宣布活动结束，师生有序退场	1. 通过歌曲表达学生胸怀祖国明天，争做未来先锋的心愿 2. 留下合影纪念 3. 提示学生及时反馈收获

（十二）活动效果评价

①活动过程中利用观察法，了解学生参与活动的状态。

②活动过程中通过学习单检测学生在学党史、了解茶文化及个人收获、小组评价茶席等方面的情况。

③活动后通过收集茶艺学生的活动感想，了解全体茶艺学生的收获，检测活动目标达成情况。

④活动后通过访谈、召开活动总结会等方式了解学生、家长、教师代表对活动的反馈。

三、"一带一路　茶香世界"国际青少年友谊茶会

（一）活动依据

其一，我国"一带一路"倡议构想的提出，契合沿线国家的共同需求，为沿线国家优势互补、开放发展开启了新的机遇之窗，是国际合作的新平台。"一带一路"倡议在平等的文化认同框架下谈合作，体现的是和平、交流、理解、包容、合作、共赢的精神。教育的改革，文化的发展要以此为契机，进行创新发展。

其二，茶文化是中华传统文化优秀的组成部分，与中华五千年文明一脉相承。文化交流、文明对话，通过具体的文化形式展示中华文明。"一带一路"中华茶文化的传播是重要内容之一，通过茶文化载体可以更好地促进各地文化交流。

其三，青少年茶文化教育在北京蓬勃发展，茶的文化探究在各个学校各有特色。通过茶会平台的搭建，能够促进各校交流，提高学生国际视野，增加多重体验，满足学生多元文化学习的需求，引导学生更加热爱中国文化，了解世界文化。

（二）活动目标

其一，学生通过体验各种特色茶席，学习了解各地、各国茶文化，开阔国际视野，激发学生对文化的热爱之情。

其二，通过交流学习，树立学生团结合作、服务社会的意识，培养学生担当文化志愿者的责任意识。

（三）活动主题

一带一路 茶香世界。

（四）活动内容

"一带一路 茶香世界"茶文化互动展示交流。学生参与以北京茶俗为特点的"北京的味道"主题体验，以"红茶的世界"为主题的红茶体验，世界各国的茶文化综合体验，茶与工艺、茶与食品为内容的体验活动。通过丰富的互动内容，提供青少年体验茶文化空间。

（五）活动组织流程

活动环节	活动内容	设计意图
现场工作会 （2小时）	1.参与活动组织的教师在现场召开工作协调会，确认工作环境、位置、程序 2.讲解泡茶环节和"茶"字环节彩排要求，拷贝文件回去带学生在学校练习	1.通过准备环节细化各项工作的组织细节，使参与者掌握活动全部流程 2.集体环节的准备
布置会场 （3小时）	1.会场桌椅、热水、活动茶席、互动物资、电脑试播等工作到位 2.按茶会场地图进行布置	环境布置，保障学生顺利入场，避免产生不安全因素
展示学校入场 （2小时）	各参加交流展示的学校师生准时到达活动地点要求路上注意安全，学校教师带队集体报到	各校距离较近，饭后能够准时到达，提前报到进入彩排状态
活动彩排 （1小时）	1.参加展示的学生到场后进行集中彩排：华服国礼、集体泡茶和拼"茶"字 2.检查各互动项目物资和笔、学习单、活动评价反馈单情况	教师学生做好活动前准备，进入活动交流准备状态

活动环节	活动内容	设计意图
签到 （15分钟）	1.参加展示的同学休息或去洗手间 2.组织学生入场 3.观摩教师入场 4.嘉宾陆续入场	根据安排好的座位，引导学生集体就座。老师、嘉宾签到时告知就座位置
宣布安全 注意事项 （5分钟）	全体参会人员到场，进行安全教育。进行茶会礼仪教育。提出活动注意事项	进行会前安全、礼仪及茶会特殊要求教育。告知安全通道
活动开始 （5分钟）	宣布活动开始，介绍嘉宾及国际友谊茶会参会人员情况	参会人员了解茶会内容及人员情况
茶文化舞台展示 （15分钟）	1.《华服国礼》 2.《茶香世界》	华服之美、客来敬茶是中华礼仪。活动一开始为学生带来"美"与"礼"的感受，激发学生兴趣
茶文化互动交流 （40分钟）	学生作为文化小使者进行介绍，展示学习成果。参加学习的学生自主学习，利用学习单互动体验，自由探究学习。教师现场指导。主持人进行整场调度，并分享学生的收获，注重引导评价 1.北京的味道：《故宫三清茶》《重阳茶礼》《老二分大碗茶》《茉莉花茶的制作工艺》 2.红茶的世界：世界三大高香红茶 3.世界茶文化：英国、日本、韩国、非洲、印度茶文化 4.茶文化创意：茶作物、茶点制作、冬至茶饺子制作品尝	参会学生从接受敬茶开始走进茶文化的互动交流空间。学生充分展示自己的学习成果，并在交流中锻炼成长。参加学习的学生自主选择实践内容，给予学生自由探究的空间。教师注重实时辅导，疏导人员，保障安全，引导评价。主持人通过话筒广播调控茶会现场
"茶"字接龙 （10分钟）	全体嘉宾学生共同组字，合影留念	分散活动后通过有趣的组字游戏将大家凝聚在一起
坚持好习惯 争做"一带一路" 茶文化小使者 （10分钟）	1.介绍冬至的"九九消寒图"，倡导学生每天为家人敬献一杯茶，伴随坚持一个好习惯，共享健康、和谐、幸福的生活 2.以小茶人俱乐部坚持茶文化传播为例，鼓励学生争做"一带一路"中国茶文化的小使者 3.宣布茶会结束	通过介绍冬至的"九九消寒图"，引导学生学会坚持，坚持好的行为将成就美好人生。坚持努力学习就会成为"一带一路"茶文化小使者
活动结束 （20分钟）	1.收集现场评价反馈 2.进行安全提示 3.参加活动人员陆续退场，教师带队离开 第一批主要参会学校学生，第二批嘉宾及观摩教师，第三批参展学生 4.收拾物品，集体和各团队合影留念、撤离	关注学生实际获得，在活动结束后及时进行评价反馈收集、活动信息资料整理。安全有序撤离参会人员，做好会后工作

活动环节	活动内容	设计意图
活动总结 （20 分钟）	1.领导与核心团队进行现场总结 2.归还物品，进行安全检查 3.感谢各单位、各位工作者的支持	及时对合作团队进行鼓励，反思活动过程，记录活动反思

（六）附件

附件一

安全预案（略）

附件二

茶会区域图

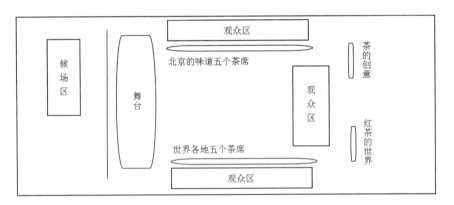

附件三

参会人员、嘉宾名单

序号	学校名称	教师人数	学生人数	联系人及电话
	……			